BIBLIOTHÈQUE DE L'INSTITUT DE DROIT COMPARÉ DE LYON

Études et Documents

Publiés sous la direction de E. LAMBERT, professeur de Droit comparé

Étienne ANTONELLI Professeur d'Économie Politique	Maurice PICARD Professeur de Droit civil
Pierre GARRAUD Professeur de Droit criminel	Jules PATOUILLET Professeur à la Faculté des Lettres

Directeurs des Salles de travail de l'Institut

TOME 14

LES CODES

DE LA

RUSSIE SOVIÉTIQUE

II

CODE DU TRAVAIL — CODE AGRAIRE
CODE FORESTIER — CODE MINIER
CODE VÉTÉRINAIRE

TRADUITS PAR

Jules PATOUILLET

Professeur de Langue et de Littérature russes à l'Université de Lyon
Directeur de l'Institut Français de Pétrograd

AVERTISSEMENT, par Jules PATOUILLET

PARIS (V⁰)

MARCEL GIARD

LIBRAIRE-ÉDITEUR

16, RUE SOUFFLOT ET 12, RUE TOULLIER

—

1926

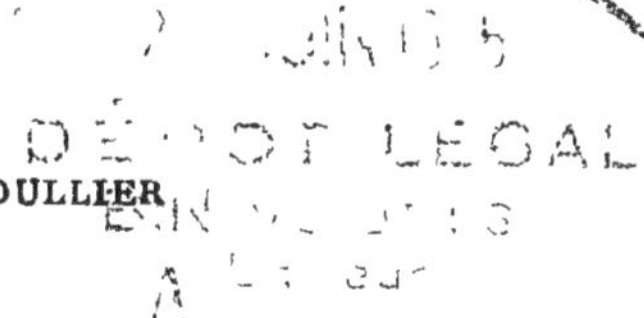

SALLES DE TRAVAIL ET COURS DE L'INSTITUT
DE DROIT COMPARÉ DE LYON

MM.

Droit comparé général. — Salle de travail de juris-
prudence étrangère.. Ed. LAMBERT.
Législation industrielle..................................... Paul PIC.
Droit constitutionnel comparé............................. Émile BOUVIER.
Droit international privé.................................... Emmanuel LÉVY.
Droit pénal comparé. — Science pénitentiaire...... Pierre GARRAUD.
Salle de travail de jurisprudence française...... Maurice PICARD.
Théorie générale du droit. — Introduction à l'étude
du droit... ROUBIER.
Salle de travail d'économies sociales comparées { Étienne ANTONELLI.
                                                                          René HOFFHER.

SÉMINAIRES ET COMITÉS DE L'INSTITUT

Séminaire d'études juridiques et sociales russes { Jules PATOUILLET.
                                                                     Édouard LAMBERT.

Séminaire oriental d'études juridiques et so- { Édouard LAMBERT.
ciales... { Maurice COURANT.
                                                               CANARD, professeur au
                                                                     lycée.

Comité d'étude de la jurisprudence du travail. Documentation française : MM. P. PIC, Ed. LAMBERT, P. GARRAUD, ROUBIER, professeurs à
l'Université et Alphonse AMIEUX, avocat à la Cour d'appel de Lyon. —
Documentation étrangère : de langue anglaise : H. MARQUIS, professeur
au lycée Ampère et E. LAMBERT ; de langue allemande : FAVRE, professeur au lycée Ampère, et AMIEUX.

GROUPEMENTS D'ÉTUDES LOCAUX AFFILIÉS

Section lyonnaise de la Société de législation comparée.— Président :
M. JOSSERAND, doyen de la Faculté de droit.
Centre de documentation sociale (fondation Albert KAHN). — Directeur :
M. P. PIC.

Docteurs *honoris causa* de l'Université de Lyon, membres
du Comité de Perfectionnement de l'Institut

MM. ANDRÉADÈS, doyen de la Faculté de droit d'Athènes.
Maurice AUSIAUX, professeur à l'Université libre de Bruxelles.
William W. BUCKLAND, professeur à l'Université de Cambridge.
Georges CORNIL, professeur à l'Université libre de Bruxelles.
James W. GARNER, professeur à l'Université de l'Illinois.
Amedeo GIANNINI, conseiller d'Etat, professeur à l'Université de Rome,
fondateur de l'*Istituto Cristoforo Colombo*, l'*Istituto per l'Oriente* et
l'*Istituto per l'Europa orientale*.
H.-C. GUTTERIDGE, doyen de la Faculté de droit de l'Université de
Londres, membre du conseil de direction de la *London School of
Economics*.
R.-W. LEE, K. C., doyen de la Faculté de droit de l'Université
d'Oxford.
Ernest ROGUIN, ex-doyen de la Faculté de droit et directeur-fondateur
de l'*École des Sciences sociales* de l'Université de Lausanne.
Quintiliano SALDANA, professeur à l'Université de Madrid, fondateur et
vice-président de l'*Association internationale de droit pénal*.
Miloslav STIEBER, professeur à l'Université tchèque (Charles VI) de
Prague.

LES CODES

DE LA

RUSSIE SOVIÉTIQUE

TOME 14

LES CODES

DE LA

RUSSIE SOVIÉTIQUE

II

CODE DU TRAVAIL   CODE AGRAIRE
CODE FORESTIER   CODE MINIER
CODE VÉTÉRINAIRE

TRADUITS PAR

Jules PATOUILLET

Professeur de Langue et de Littérature russes à l'Université de Lyon
Directeur de l'Institut Français de Pétrograd

AVERTISSEMENT, par Jules PATOUILLET

PARIS (Vᵉ)

MARCEL GIARD
LIBRAIRE-ÉDITEUR
16, RUE SOUFFLOT ET 12, RUE TOULLIER

1926

[illegible]

[illegible]

[illegible]

[illegible]

[illegible]

[illegible]

[illegible]

[illegible]

[illegible]

[illegible]

[illegible]

[illegible]

[illegible]

[illegible]

[illegible]

Le tome II de la traduction des Codes de la Russie Soviétique *comprend le* Code des lois du Travail, *le* Code Agraire, *le* Code Forestier, l'Ordonnance sur le sous-sol *et le* Statut (1) Vétérinaire. *Le texte utilisé est celui de la dernière édition* (1925) *du* Recueil des Codes de la R. S. F. S. R., *et du* Ier Supplément, *publié en juillet* 1925.

Bien que le Code civil *et ses Annexes aient subi, de l'édition de 1923 à celle de 1925, des modifications notables, il a paru plus expédient de réserver ces additions ainsi que les Annexes en leur nouvelle rédaction pour un tome III qui contiendra en outre la législation sur les trusts et les changements opérés dans le* Code des actes d'état civil.

A part certains accents de « classe », le Code des lois du Travail (2) *ne se distingue guère, en ses dispositions essentielles, des codes similaires des pays où la législation ouvrière était en avance sur celle de la Russie tsariste. Au contraire, le* Code Agraire *garde un caractère*

---

1. Le mot *Code* a été substitué, pour plus de commodité, aux mots *Ordonnance* et *Statut*.

2 Bien qu'il ait déjà été traduit en français par les soins du Bureau International du Travail, il a paru qu'une traduction nouvelle d'après les méthodes d'interprétation, de traduction et de transcription adoptées pour les autres codes ne ferait pas double emploi.

et une couleur spécifiquement russes. Il proclame solennellement la substitution révolutionnaire du droit de « jouissance » au droit de « propriété » — aboli pour toujours — sur tous les biens fonciers privés, désormais constitués en un fonds d'Etat unique octroyé en usufruit à des particuliers ou à des groupements exploitants. Il transfère à des « exploitations soviétiques (1) » les domaines des anciens pomechtchiks ; *il cherche à développer la culture en commun (communautés agraires, commones* (2) *et artels agricoles). Toutefois, en tout ce qui a trait au statut juridique de l'« usufruit ravailleurs de la terre » et à ses différents modes, à l'organisation de la communauté agraire, au* dvor (3), *type d'économie agricole travailleuse, à la lutte contre le morcellement des exploitations, à la culture en commun, aux partages et aux réallotissements des biens fonciers, à l'organisation agraire, à l'émigration paysanne d'une partie du territoire à l'autre, — la législation soviétique a dû s'adapter à des pratiques anciennes ou à des formes récentes de tenure du sol ; et on ne la comprend que si l'on s'est familiarisé avec le mécanisme compliqué des usages et de la politique agraires en Russie avant la révolution. Aussi entre-t-elle moins aisément dans le champ du droit comparé ; mais l'esprit nettement collectiviste dont elle est imprégnée peut fournir un sujet d'observation et d'étude.*

Dès lors que l'Etat est également seul propriétaire des forêts et du sous-sol, le Code forestier et le Code minier n'ont plus qu'à régler l'attribution de bois (de consommation) et de lots forestiers à la population rurale ou aux organismes d'Etat, et à fixer les conditions

1. *Code Agraire*, IIᵉ Partie, Titre II, Chapitre II.
2. *Id.*, art. 42.
3. *Id.*, Iʳᵉ Partie, Titre V, Chap. I-III.

*d'exploitation des lots miniers par les concessionnaires :
d'où leur brièveté.*

*Quant au « Statut Vétérinaire », qui n'avait pas trouvé
place dans les deux premières éditions du* Recueil des
Codes de la R. S. F. S. R.*, son inclusion dans l'édition
de 1925 s'explique et se justifie par l'importance du
cheptel vif dans l'économie rurale et nationale — ou
panunioniste, — par la nécessité de le préserver d'épi-
démies destructives, d'en combler les vides creusés par
la guerre et la révolution, et de réorganiser à cette fin
la surveillance sanitaire et l'inspection vétérinaire.*

*Comme pour le tome I, la terminologie juridique
et la teneur des notes ont été arrêtées d'accord avec
M. Edouard Lambert, directeur de l'Institut de Droit
comparé de Lyon ; si ce tome II trouve encore bon
accueil auprès des juristes comparatistes, ce m'est un
devoir de faire connaître la part qui lui en revient.*

JULES PATOUILLET.

Professeur de langue et de littératures russes
à l'Université de Lyon
Directeur de l'Institut Français de Pétrograd

ABRÉVIATIONS
ET INDICATIONS TYPOGRAPHIQUES

I. — Transcriptions francisées

R. S. F. S. R. (1)........ République Socialiste Fédérative des Soviets de Russie.

U. R. S. S............. Union des Républiques Socialistes Soviétiques.

2. — Transcriptions directes

S. N. K. (2)............ Conseil des Commissaires du Peuple.

V. TS. I. K. (3)......... Comité Exécutif Central Pan-russe.

TS. I. K............... Comité Exécutif Central.

3. — Indications typographiques

( ) Les mots entre parenthèses sont des gloses insérées dans le texte des codes par les rédacteurs eux-mêmes.

[ ] Les mots et les notes entre crochets sont ajoutés dans la traduction.

Les notes qui ne sont accompagnées d'aucun signe typographique figurent dans l'original russe.

Par nécessité typographique, le libellé des chapitres a été parfois abrégé ou modifié dans les titres courants.

1. Selon la pratique admise en français pour ce genre d'abréviations, les initiales composantes sont séparées par des points. Le russe les rapproche et forme ainsi des mots nouveaux, mais qu'il prononce différemment, suivant qu'ils contiennent ou ne contiennent pas de voyelle.

2. Formé avec les initiales des mots suivants: S [*oviet*] (conseil) N [*arodnykh*] (du Peuple, populaires) K [*omissarov*] (des commissaires).

3. Formé avec les initiales des mots suivants, rangés dans l'ordre stylistique russe, inverse du français : V [*sérossiiski*] (pan-russe) T S [*entralny*] (central) I [*spolnitelny*] (exécutif) K [*omitet*] (comité).

CODE DES LOIS DU TRAVAIL

EDITION DE 1922

CODE DES LOIS DU TRAVAIL (Edition de 1922)

Ordonnance du Comité Exécutif Central Panrusse

Sur la mise en application du Code des Lois du Travail
de la R. S. F. S. R., édition de 1922
Adoptée à la IVe session du 9 novembre 1922

Le Comité Exécutif Central Panrusse dispose :

I. Le Code des Lois du Travail entre en vigueur à partir du 15 novembre 1922.

II. A dater de son entrée en vigueur, l'effet du Code des Lois du Travail, édition de 1918 (*Recueil des Lois*, nos 87-88) prend fin. Toutes les autres lois et dispositions sur le travail perdent leur effet, pour autant qu'elles sont en contradiction avec les règles du Code [nouvellement] introduit.

Le Conseil des Commissaires du Peuple est chargé de publier pour le 1er décembre, sur avis conforme du Commissariat du Peuple pour le Travail, la liste des lois sur le travail, qui conservent leur effet lors de la mise en vigueur du présent Code des Lois du Travail (édit. de 1922).

III. Le mode d'application et de mise en vigueur de toutes les dispositions du présent Code est fixé par des ordonnances et des instructions du Conseil des Commissaires du Peuple, du Conseil du Travail et de la Défense et du Commissariat du Peuple pour le Travail.

IV. Les modifications ou additions au présent Code ne sont autorisées qu'en vertu d'ordonnances du Comité Exécutif Central Panrusse.

V. L'effet du présent Code s'étend à tout le territoire de la R. S. F. S. R. et de toutes les républiques et régions soviétiques fédérées et autonomes.

VI. Les employeurs qui enfreindraient les règles établies par le présent Code, ainsi que par les décrets, ordonnances et instructions publiés par le Conseil des Commissaires du Peuple, le Conseil du Travail et de la Défense et le Commissariat du Peuple pour le Travail sur la base de l'article III de la présente ordonnance, sont passibles de poursuites pénales conformément aux articles 132, 133 et autres du Code Pénal.

Signé : *Le Président du Comité Exécutif Central Panrusse :* M. KALININE.

Le Secrétaire du Comité Exécutif Central Panrusse : A. ENOUKIDZÉ.

9 novembre 1922.

(*Recueil des Lois*, 1922, n° 70, art. 903.)

CODE DES LOIS DU TRAVAIL DE LA R. S. F. S. R.
(Edition 1922)

(*Recueil des Lois*, 1922, n° 70, art. 903.)

CHAPITRE I

Partie générale

1. Les dispositions du Code des Lois du Travail s'étendent à toutes les personnes qui travaillent par

louage [de services], y compris celles [qui travaillent) à domicile (*kvartirniki*) (1) et sont obligatoires pour toutes les entreprises, établissements et exploitations([les entreprises] d'Etat, sans en excepter celles travaillant pour la guerre, [les entreprises] publiques et privées, y compris celles qui distribuent du travail à domicile), ainsi que pour toutes personnes employant le travail mercenaire d'autrui contre rémunération.

Remarque. — Le Conseil des Commissaires du Peuple est chargé de publier une ordonnance spéciale fixant les exceptions à l'application du présent Code qui concernent les personnes travaillant à domicile.

2. Les limites d'extension du présent Code aux rapports qui naissent de l'appel fait au travail obligatoire (art. 11) sont établies par le Conseil des Commissaires du Peuple, le Conseil du Travail et de la Défense, et, sur leur délégation, par le Commissariat du Peuple pour le Travail.

3. Le Conseil des Commissaires du Peuple est autorisé à étendre l'effet du présent Code, dans certaines de ses parties, à quelques catégories de militaires qui ne sont pas au service militaire actif.

4. Tous contrats et accords de travail, qui aggraveraient les conditions du travail comparativement aux dispositions du présent Code, sont nuls.

---

1. [*Kvartirnik*, celui qui travaille dans un logement, appartement (*kvartira*).]

CHAPITRE II

Mode d'embauchage de la force ouvrière ([Anciens]
articles 5-10).

Sanctionné par le Comité Exécutif Central Panrusse
et le Conseil des Commissaires du Peuple le
4 mai 1925.

Sur la base de l'ordonnance du Comité Exécutif
Central et du Conseil des Commissaires du Peuple de
l'Union des R. S. S. du 2 janvier 1925 (*Recueil des
Lois*, 1925, n° 2, art. 15) et dans la forme de l'ar-
ticle 2 de la disposition de la 2e session du Comité
Exécutif Central Panrusse de la Xe législature sur la
procédure de modification des Codes (*Recueil des
Lois*, 1923, n° 54, art. 530), le Comité Exécutif Cen-
tral Panrusse et le Conseil des Commissaires du
Peuple de la R. S. F. S. R. décrètent :

1. Le mode d'embauchage et de fourniture de force
ouvrière obligatoires par l'entremise des organes du
Commissariat du Peuple pour le Travail — les
bourses du travail, mode établi par les articles 5-10
du Code des Lois du Travail, est aboli.

2. L'embauchage de force ouvrière par toutes entreprises, tous établissements, exploitations (d'Etat,
publics et privés) et par des embaucheurs individuels, ainsi que l'entrée en service peuvent s'effectuer soit par l'entremise des bourses du travail,
soit sans passer par elles.

3. En vue du contrôle [statistique] il est institué,

pour les embaucheurs, l'obligation de présenter des renseignements statistiques sur la force ouvrière engagée.

Le mode et la date de communication des renseignements susdits sont fixés par le Commissaire du Peuple pour le Travail de la R. S. F. S. R.

4. Le rôle d'intermédiaire pour l'embauchage de force ouvrière et pour la recherche de travail est exercé exclusivement par les organes du Commissariat du Peuple pour le Travail de la R. S. F. S. R.

5. Le Commissariat du Peuple pour le Travail de la R. S. F. S. R. est chargé de réorganiser les bourses du travail conformément au mode d'embauchage de force ouvrière établi par la présente disposition.

Le mode d'organisation et d'action des bourses du travail est fixé par les ordonnances, dispositions et instructions du Commissariat du Peuple pour le Travail de la R. S. F. S. R.

(*Recueil des Lois*, 1925, n° 28, art. 201.)

CHAPITRE III

Mode d'appel au service [obligatoire] de travail pour les citoyens de la R. S. F. S. R.

11. Dans des cas exceptionnels (lutte contre des fléaux naturels, insuffisance de force ouvrière pour l'exécution de très importantes commandes d'Etat), tous les citoyens de la R. S. F. S. R., sauf exceptions indiquées aux articles 12-14, peuvent être appelés au travail en forme de service de travail [obligatoire]

conformément à des dispositions spéciales du Conseil des Commissaires du Peuple ou des organes mandatés à cet effet par le Conseil des Commissaires du Peuple.

12. Ne peuvent être en aucune façon appelés au service de travail : *a*) les personnes qui n'ont pas atteint [l'âge de] 18 ans; *b*) les hommes âgés de plus de 45 ans, et les femmes — de plus de 40 ans.

13. Sont exemptés de l'astreinte au service de travail :

a) Les personnes qui, par suite de maladie ou d'infirmité accidentelle, ont perdu temporairement la capacité de travail, — pour la période nécessaire à leur rétablissement;

b) Les femmes enceintes — pour une période de huit semaines avant leurs couches, et les femmes accouchées — pendant huit semaines après leurs couches;

c) Les femmes nourrissant au sein;

d) Les invalides du travail et de la guerre;

e) Les femmes ayant des enfants de moins de 8 ans, s'il n'y a personne pour soigner ces enfants.

14. Les exceptions et exemptions supplémentaires concernant les différentes formes du service de travail, — eu égard à l'état de santé, à la situation de famille, au caractère des travaux, aux conditions de la vie locale, — sont établies par le Conseil des Commissaires du Peuple, le Conseil du Travail et de la Défense et le Commissariat du Peuple pour le Travail.

Chapitre IV

Contrats collectifs [de travail]

15. Le contrat collectif [de travail] est un accord conclu par le syndicat professionnel (articles 152 et 153), comme représentant des ouvriers et des employés, d'une part, et par l'employeur, d'autre part, lequel accord fixe les conditions du travail et de l'embauchage pour les entreprises, établissements, exploitations pris individuellement ou pour un groupe de ceux-ci (art. 17), et détermine le contenu des futurs contrats (de travail) individuels d'embauchage (art. 27 et 28).

16. Les [clauses et] conditions du contrat collectif s'étendent à toutes les personnes travaillant dans l'entreprise ou l'établissement en question, indépendamment du fait qu'elles sont ou ne sont pas membres du syndicat professionnel qui a conclu le contrat.

Remarque. — L'effet du contrat collectif ne s'étend pas aux personnes constituant le personnel administratif et jouissant du droit d'acceptation et de congédiement.

17. Les contrats collectifs peuvent être généraux ([c'est-à-dire] s'étendant, sur le territoire de la République, à toute une branche de production, d'économie ou d'administration nationale) ou locaux (1).

---

1. [Le rédacteur emploie l'adjectif « *localny* », qui n'appartient pas à la langue usuelle ; aussi le glose-t-il par l'adjectif russe usuel (*mestny*). La traduction française laisse tomber cette glose inutile.]

S'il existe des contrats collectifs généraux, la conclusion de [contrats collectifs] locaux n'est autorisée que
dans les cas et les formes spécialement spécifiés par
les contrats généraux.

18. La période-limite, pour laquelle peuvent être
conclus des contrats collectifs, est établie par le Commissariat du Peuple pour le Travail d'accord avec
le Conseil Central Panrusse des Syndicats Professionnels.

19. Sont nuls les articles des contrats collectifs
qui aggraveraient les conditions de travail par comparaison à celles qui sont établies par le présent
Code et les autres lois et ordonnances en vigueur
concernant le travail.

20. Les syndicats professionnels n'encourent pas
de responsabilité pécuniaire pour les contrats collectifs.

21. Les contrats collectifs sont passés en forme
écrite et soumis à l'obligation d'enregistrement dans
l'organe du Commissariat du Peuple pour le Travail : celui-ci, d'ailleurs, a le droit d'annuler le contrat pour la partie qui aggraverait la situation des
ouvriers et des employés par comparaison à la législation en vigueur sur le travail (art. 19). Le mode
d'enregistrement des contrats collectifs est établi par
le Commissariat du Peuple pour le Travail.

Remarque. — L'annulation par les organes du
Commissariat du Peuple pour le Travail de dispositions séparées du contrat collectif n'empêche pas
l'enregistrement du contrat quant au reste, si les
deux parties déclarent y consentir.

22. Le contrat collectif enregistré entre en vigueur

à dater du jour de sa signature par les parties ou aux dates indiquées dans le contrat lui-même.

23. Au cas de réorganisation d'un établissement ou d'une entreprise, ou de passage à un autre possesseur, le contrat collectif enregistré reste en vigueur pendant toute la durée de son effet.

Remarque. — Dans ces cas, les parties ont le droit de notifier leur désir de réviser le contrat collectif, [chaque partie] en prévenant la partie adverse deux semaines à l'avance, sans que cela enlève au contrat sa validité jusqu'à un nouvel accord.

24. Les contrats renouvelés pour une nouvelle période, fût-ce aux conditions antérieures, ainsi que toutes modifications et additions introduites dans le contrat par accord entre les parties, sont soumis à enregistrement sur les bases générales (art. 21).

25. Les contestations surgissant entre l'employeur et ceux qui lui ont loué leurs services à raison de contrats non enregistrés pour une cause ou pour une autre, sont tranchés non sur la base de ces contrats, mais sur celle de la législation en vigueur.

26. Les commissions des conflits et d'évaluation sont l'organe chargé en premier lieu de veiller à l'exécution des contrats collectifs (art. 172).

CHAPITRE V

Contrat [individuel] de travail

27. Le contrat de travail [individuel] est un accord de deux ou plusieurs personnes aux termes duquel une des parties (celui qui loue ses services) fournit

sa force travailleuse à l'autre partie (employeur), moyennant salaire.

Le contrat de travail est conclu soit en l'absence, soit en présence d'un contrat collectif.

28. Les [clauses et] conditions du contrat de travail sont fixées par accord des parties. Sont nulles les [clauses et] conditions du contrat de travail qui rendraient la situation du travailleur plus dure par comparaison à celles qui sont établies par les lois du travail, par les conditions du contrat collectif et les règlements d'ordre intérieur (1) étendus à l'entraprise ou à l'établissement en question (art. 4, 15, 19 et 52-55), — de même que les [clauses] et conditions tendant à limiter les droits politiques et [les droits] civils généraux du travailleur.

29. La conclusion du contrat de travail doit être accompagnée obligatoirement de la remise d'un livret de compte à tous les ouvriers et employés (excepté les personnes appartenant à l'administration) dans toutes les entreprises, établissements et exploitations, quel que soit le nombre de ceux qui y travaillent. La remise du livret de compte est facultative, si le contrat de travail est conclu pour une durée inférieure à une semaine.

Remarque 1. — Lors de la conclusion d'un contrat de travail avec une *artel* (2), il est remis, outre la

---

1. [Voir ci-dessous, chap. VI. Ils correspondent à ce que notre législation du travail désigne sous le nom technique de « règlements d'atelier ».]

2. [L'*artel* est une association libre d'artisans, d'employés subalternes, civils ou militaires, formée en vue d'accomplir une fonction ou d'exécuter une tâche en commun, avec responsabilité solidaire.]

livret de compte commun à toute l'*artel*, un livret [individuel] à chacun des membres [de l'*artel*].

Remarque 2. — Le mode de remise du livret de compte et son contenu sont fixés par des dispositions législatives spéciales.

30. Les contrats de travail peuvent être conclus tant avec des personnes isolées qu'avec des groupements de personnes (*artels*, etc.).

31. Les non-majeurs (1) ont, à l'égard du contrat de travail, des droits égaux à ceux des majeurs. Les parents et les tuteurs, ainsi que les institutions et les fonctionnaires chargés de veiller à l'observation des lois sur la protection du travail, ont le droit de réclamer la résiliation anticipée du contrat, quand celui-ci, du fait que son exécution se poursuit, menace la santé du non-majeur ou tend d'une manière générale à lui porter préjudice.

32. Quand, en vertu du contrat de travail, l'ouvrage est exécuté non pour la personne qui a conclu directement le contrat, mais pour une entreprise, un établissement ou une exploitation desservis par elle, ou [encore] lorsque la [branche de] production dans laquelle travaille celui qui a loué ses services constitue une partie ou une section d'une autre entreprise, — la responsabilité au sujet du contrat de travail incombe à l'entreprise, à l'établissement ou à la personne pour lesquels l'ouvrage est exécuté.

Pour les contrats de travail conclus par un entrepreneur [tâcheron] en liaison avec l'entreprise sou-

---

1. [Sur la définition du *non-majeur* par rapport au *mineur*, voir *Les Codes de la Russie soviétique*, t. I, *Code civil*, p. 105, note 1.]

missionnée par lui [à forfait], la responsabilité incombe à l'entrepreneur.

Remarque. — Les prétentions respectives des entreprises, des établissements, ou des personnes, et des entrepreneurs, sont tranchées dans les formes judiciaires générales.

33. La conclusion d'un contrat avec une *artel* engendre pour l'employeur à l'égard de chaque personne faisant partie de cette *artel* et accomplissant pour l'employeur le travail convenu, les mêmes obligations et droits que s'il avait conclu avec cette personne un contrat individuel.

34. Les contrats de travail sont conclus : *a*) pour une période déterminée d'un an au plus; *b*) pour une période indéterminée; *c*) pour le temps qu'exige l'exécution d'un travail quelconque.

35. Celui qui a loué ses services n'a pas le droit, sans le consentement de l'employeur, de confier à autrui l'exécution de l'ouvrage qui lui est demandé. L'*artel* qui s'est louée par un contrat de travail peut, en l'absence de convention contraire, répartir elle-même l'ouvrage entre ses membres et remplacer les uns par les autres.

36. L'employeur ne peut exiger de celui qui [lui] a loué ses services un travail sans rapport avec le genre d'activité pour lequel ce dernier a été embauché, non plus qu'un travail comportant un danger de mort manifeste, ou ne répondant pas aux lois sur le travail.

S'il y a dans l'entreprise un manque temporaire du travail pour lequel le travailleur a été engagé, l'employeur a le droit de faire passer celui-ci à une

autre tâche, correspondant à sa qualification. Au
cas où le[dit] travailleur se refuserait à exécuter cette
tâche, l'employeur a le droit de le congédier, en lui
remettant un subside de départ (1), conformément à
l'article 89.

Dans les cas exceptionnels où cela est nécessaire
pour conjurer un danger imminent, celui qui a loué
ses services peut être chargé d'un autre genre de
travail, même ne correspondant pas à sa qualification.

Dans les cas sus mentionnés, le salaire ne peut
être diminué; et si le travail temporaire est payé
plus cher que celui pour lequel celui qui a loué ses
services a été engagé, le paiement est effectué au
tarif le plus élevé (art. 64).

37. Le transfert de celui qui a loué ses services
d'une entreprise à une autre, ou son déplacement
d'un endroit à un autre, fût-ce en même temps que
l'entreprise ou l'établissement, ne peuvent avoir lieu
qu'avec le consentement de l'ouvrier ou de l'employé;
à défaut de ce consentement, le contrat de travail
peut être résilié par chacune des parties, et celui
qui s'est loué reçoit, dans les deux cas, un subside
de départ, conformément à l'article 89.

38. Si les travaux ont un caractère de longue durée,
l'embauchage définitif peut être précédé d'une prise
à l'essai : elle sera de six jours au plus pour l'ouvrier, de quinze jours au plus pour l'employé —
pour les genres de travail non qualifiés et moins

---

1. [Equivalent de ce que nous appelons « indemnité de congédiement ».]

délicats, et d'un mois au plus — pour les travaux qualifiés.

39. Selon les résultats de la prise à l'essai, le travailleur est définitivement embauché, ou éliminé, avec paiement d'une indemnité pour le temps de l'essai, calculée sur le tarif de salaire de la catégorie à laquelle il avait été affecté lors de son embauchage à l'essai.

40. L'employeur informe immédiatement les organes compétents du Commissariat du Peuple pour le Travail (art. 7) des résultats de l'essai (admission ou élimination). Jusqu'à l'expiration du délai de prise à l'essai préalable, le travailleur est considéré comme chômeur et conserve son tour [tel qu'il a été] établi dans les organes du Commissariat du Peuple pour le Travail.

41. Si l'employeur ou le gérant de l'entreprise (administration) a reçu [des mains] de celui qui [lui] a loué ses services un certificat d'identité, il est tenu de le lui rendre à la première demande.

42. L'employeur est tenu de remettre à celui qui [lui] a loué ses services, sur sa requête, un certificat constatant le temps pendant lequel et l'emploi dans lequel il a travaillé chez lui. L'insertion dans ce certificat de tous signes conventionnels est interdite.

La communication réciproque entre employeurs de renseignements secrets, visant à établir les conditions auxquelles peuvent être engagés les ouvriers, est interdite.

43. L'infliction de toute peine pécuniaire [amende] à celui qui loue ses services, par autorité de l'em-

ployeur ou de l'administration de l'entreprise, est interdite, sauf dans les cas prévus par des lois spéciales ou par des règlements d'atelier.

44. Le contrat de travail prend fin : *a*) par l'accord des parties ; *b*) par l'expiration du délai [prévu] ; *c*) par l'achèvement du travail convenu ; *d*) par notification émanant d'une partie, selon la procédure des articles 46 et 47. Le passage de l'établissement, de l'entreprise ou de l'exploitation d'un département [administratif] ou d'un possesseur à un autre ne fait pas cesser l'effet du contrat de travail.

45. Si, à l'expiration de la durée du contrat, les relations de travail continuent, et si aucune des parties n'en demande la cessation, le contrat est réputé continué aux conditions antérieures, pour une période indéterminée.

46. Si le contrat est conclu pour une période indéterminée, celui qui a loué ses services peut en demander en tout temps la résiliation, mais il est tenu de prévenir l'employeur : au moins un jour à l'avance, si la paie se fait à la semaine, — au moins une semaine à l'avance, si la paie se fait à la quinzaine ou au mois.

47. Le contrat de travail conclu pour une durée indéterminée, de même que le contrat à terme, avant l'expiration du terme, ne peuvent être résiliés à la demande de l'employeur, hors les [cas] prévus aux articles 36 et 37, que dans les cas suivants :

a) Dans le cas de liquidation totale ou partielle de l'entreprise, de l'établissement ou de l'exploitation, ainsi que dans le cas de réduction de leurs travaux ;

b) Par suite de l'arrêt des travaux pendant plus

d'un mois pour des causes tenant à la production;

c) Dans le cas d'inaptitude au travail constatée chez celui qui a loué ses services;

d) Dans le cas d'inexécution systématique, et sans raisons valables, de la part du [travailleur] loué, des obligations qui lui sont imposées par le contrat ou les règlements d'atelier;

e) Dans le cas où celui qui a loué ses services a commis un acte criminel se rattachant directement à son travail et établi par une décision de justice entrée en vigueur, — ou encore dans le cas où il a été emprisonné pendant plus de deux mois;

f) Dans le cas où il a manqué plus de trois jours consécutifs, ou, dans l'ensemble, plus de six jours dans le mois, sans raisons valables;

g) Dans le cas où, par suite d'une perte temporaire de sa capacité de travail, il [ou : elle] ne reprend pas le travail au bout de deux mois à compter du jour de ladite perte de capacité, et, dans le cas de perte temporaire de la capacité de travail après une grossesse et des couches. — au bout de deux mois en sus du délai de quatre mois établi par l'article 92.

Remarque 1. — La résiliation du contrat dans les cas mentionnés aux paragraphes c) et d) ne peut intervenir que sur une décision de la commission des conflits et d'évaluation.

Remarque 2. — Lors de la résiliation du contrat [conclu] avec un travailleur membre d'un comité d'usine ou de manufacture, ou d'un organe correspondant, c'est la règle établie par l'article 160 du présent Code qui doit être observée.

Remarque 3. — Lors de la résiliation du contrat par l'employeur dans les cas prévus par les paragraphes *a*), *b*) et *c*), l'employeur est tenu de prévenir, quinze jours à l'avance, de son renvoi le [travailleur] loué; dans ces cas, l'indemnité [de congédiement] est versée sur les bases générales (1) (art. 88).

48. Le contrat de travail conclu à terme peut être résilié, avant l'échéance de ce terme, par celui qui a loué ses services, en invoquant les raisons suivantes :

a) S'il ne reçoit pas, à la date [voulue], le salaire convenu;

b) Si l'employeur viole les engagements pris par lui en vertu du contrat, ou les lois du travail;

c) Si le travailleur qui s'est engagé est en butte à de mauvais traitements de la part de l'employeur, des représentants de l'administration, ou d'un membre de leur famille;

d) Si les conditions hygiéniques et sanitaires du travail sont rendues plus mauvaises;

e) Tous les autres cas spécialement prévus par la loi.

Remarque. — Sur opposition de l'employeur, la réalité des circonstances indiquées aux paragraphes *a*), *b*) et *c*) du présent article est établie par la commission locale des conflits et d'évaluation, ou, à son défaut, selon la procédure des conflits.

49. Tout contrat de travail peut être également résilié à la requête du syndicat professionnel. Dans

---

1. [C'est-à-dire conformément au droit commun.]

le cas où l'entrepreneur repousserait la requête du syndicat, celle-ci peut faire l'objet d'un recours, selon la procédure des conflits.

CHAPITRE VI

Règlements d'atelier

50. Les règlements d'atelier sont établis en vue de réglementer le travail dans les entreprises, établissements et exploitations comptant au moins cinq personnes occupées. Ces règlements ne sont obligatoires pour celui qui a loué ses services que s'ils sont publiés dans les formes établies (art. 52-55) et portés à la connaissance de tous les travailleurs.

51. Les règlements d'atelier doivent contenir des indications claires, précises et autant que possible complètes sur les obligations générales et spéciales des travailleurs et de l'administration, sur les limites et le mode de la responsabilité encourue pour infraction à ces règlements.

52. Les règlements d'atelier ne peuvent être en contradiction avec les lois et ordonnances sur le travail, non plus qu'avec le contrat collectif en vigueur dans l'entreprise ou l'établissement donnés.

53. Les règlements-types d'atelier sont publiés par le Commissariat du Peuple pour le Travail d'accord avec le Conseil Central Panrusse des Syndicats Professionnels et le Conseil Suprême de l'Economie Populaire.

Remarque. — Jusqu'à l'élaboration définitive, dans tel ou tel établissement ou entreprise, et jusqu'à la ratification requise (art. 54) des règlements d'atelier, les règlements-types publiés dans les formes de l'article 53 sont obligatoires pour ces entreprises et ces établissements.

54. Les règlements d'atelier des divers établissements, entreprises et exploitations d'Etat, publics et privés, sont élaborés par accord entre l'administration de l'entreprise et les sections locales des syndicats professionnels, et sont ratifiés par l'inspecteur du travail; les décisions de ce dernier peuvent former l'objet d'un recours devant la section du travail locale, dont la décision est définitive.

55. Pour des branches séparées de l'industrie et de l'économie populaire, pour les entreprises et établissements centraux, pour les groupes d'entreprises directement reliés entre eux, et pour les entreprises ou établissements de particulière importance pour l'Etat, les règlements d'atelier peuvent être élaborés directement au centre, par entente entre le comité central du syndicat intéressé et l'administration, puis ratifiés par le Commissariat du Peuple pour le Travail. A l'effet de développer ces règlements, il peut être publié, pour chaque établissement et entreprise rentrant dans ces groupes, des règlements complémentaires d'atelier conformément aux règles exposées à l'article 53 et Remarque, et à l'article 54 du présent Code.

Chapitre VII

Normes de rendement

56. Les normes de rendement sont établies par accord entre l'administration de l'entreprise ou de l'établissement et le syndicat ou l'organe syndical correspondant (art. 151 et 156).

57. Celui qui a loué ses services, [et] dont le rendement, par sa faute, n'atteint pas, dans les conditions normales de travail, la norme de rendement établie, reçoit un salaire proportionnel à la quantité de travail exécuté par lui, mais pas inférieur, en tout cas, aux deux tiers du tarif qui lui est appliqué. Dans le cas d'insuffisance systématique de rendement, il peut être congédié dans les formes de l'article 47 et des remarques y afférentes.

Remarque 1. — Sont réputées conditions normales de travail, au sens du présent article :

a) Le bon état des machines, des établis et de l'outillage;

b) La fourniture en temps voulu des matériaux et instruments nécessaires pour l'exécution du travail;

c) La qualité requise desdits matériaux et instruments;

d) L'installation hygiénique et sanitaire voulue du local où le travail est effectué (éclairage, chauffage nécessaire, etc.).

Remarque 2. — Pour les ouvriers non-majeurs, qui font la journée incomplète au tarif horaire, les normes de rendement sont établies en correspondance avec les normes de rendement pour les ouvriers adultes, proportionnellement à la journée de travail établie pour eux.

Chapitre VIII

Rémunération du travail

58. Le montant de la rémunération pour celui qui a loué ses services est fixé par les contrats collectifs et [les contrats] de travail.

59. Le montant de la rémunération ne peut être inférieur au minimum obligatoire de salaire fixé par les organes d'Etat compétents pour chaque période donnée [et] pour les catégories de travail correspondantes.

60. Le montant de la rémunération est fixé dans les contrats soit à l'heure, en partant de la journée de travail normale (art. 94 et suiv.), soit aux pièces. Le montant de la rémunération pour le travail par heures supplémentaires doit être indiqué à part dans le contrat; toutefois cette rémunération ne peut être inférieure à une fois et demie le montant de la rémunération normale — pour les deux premières heures, et au double — pour les heures suivantes, ainsi que pour les heures de travail [exécuté] les jours de repos ou fériés (art. 109 et suiv.).

61. Le paiement du travail des adolescents pour la journée de travail réduite se fait comme pour la journée de travail complète des catégories correspondantes. Le Commissariat du Peuple pour le Travail a le droit d'établir le mode de calcul et la norme

de paiement du travail pour les adolescents en dépendance du caractère et des conditions des branches correspondantes d'exploitation.

62. S'il exécute des travaux de qualifications différentes, celui qui a loué ses services est payé comme pour le travail de la qualification supérieure (art. 36).

63. Si celui qui a loué ses services exécute un travail qui exige des connaissances spéciales ou une préparation particulière, son travail est payé selon le montant établi pour la catégorie de travail en question, même au cas où lui-même ne possède pas de titre scientifique (diplôme) ou de certificat d'apprentissage spécial.

64. Dans le cas où celui qui a loué ses services est transféré dans une catégorie de travail à rémunération inférieure, il conserve son salaire antérieur pendant deux semaines à compter du jour de son transfert.

65. Si les travaux ont un caractère permanent, le paiement du salaire doit s'effectuer périodiquement, mais au moins toutes les deux semaines.

La rémunération d'un travail temporaire ou occasionnel d'une durée inférieure à deux semaines s'effectue immédiatement après l'achèvement du travail.

66. Le paiement de la rémunération s'effectue en argent, et, pour autant que cela est spécifié dans le contrat de travail ou le contrat collectif, en nature (fourniture de local d'habitation, alimentation, objets d'usage personnel). Les conditions du paiement de la rémunération en nature et le mode d'évaluation de celle-ci sont établis par le contrat.

67. Le paiement de la rémunération s'effectue pen-

dant le temps de travail, et au lieu où le travail est exécuté.

68. Si la non-exécution du travail de la part de celui qui a loué ses services est provoquée par des circonstances indépendantes de sa volonté, la rémunération est payée au taux du salaire journalier moyen.

Remarque. — Le mode de fixation du salaire moyen est établi par le Commissariat du Peuple pour le Travail.

69. Les ouvriers et les employés qui se trouvent en congé régulier reçoivent d'avance, pour la durée de ce congé, leur salaire moyen.

70. Le paiement par arrangement particulier ou aux pièces est déterminé en divisant le tarif journalier fixé pour une catégorie donnée par la norme de rendement (art. 56). Dans des cas spécifiés par le contrat, un autre mode d'établissement des évaluations [du travail] aux pièces peut être autorisé.

71. Le paiement du temps passé à préparer le travail aux pièces est fixé par le contrat collectif ou par le contrat de travail.

72. Dans le cas de livraison [à faire] d'un travail spécial aux conditions du travail aux pièces, celui qui a loué ses services reçoit, avant l'achèvement de l'ouvrage, aux époques de règlement établies (art. 65), des avances correspondant au tarif de sa catégorie.

73. Dans le cas où le rendement n'est pas conforme aux conditions de tarif prévues pour le travail aux pièces, le travail est payé d'après le rendement réel, mais pas au-dessous des deux tiers du

tarif établi pour celui qui a loué ses services (article 57).

74. Dans le cas où celui qui a loué ses services laisse inachevé, pour des raisons indépendantes de sa volonté, un travail aux pièces, la partie exécutée par lui est payée, décompte fait des avances à lui remises (art. 72), d'après l'estimation de la commission locale des conflits et d'évaluation, ou, à son défaut et à défaut d'accord entre les parties, selon la la procédure des conflits.

75. Les adolescents admis aux travaux aux pièces sont payés, quand ils les exécutent, d'après les mêmes échelles d'évaluation [du travail] aux pièces que les adultes, et reçoivent en plus deux heures payées à leur tarif [ordinaire].

76. En cas de modification des tarifs de paiement à l'heure, les échelles d'estimation des travaux aux pièces subissent une modification correspondante.

Remarque. — Les travaux commencés par la main-d'œuvre productrice avant la modification des tarifs aux pièces sont payés dans les proportions établies par la commission des conflits et d'évaluation, ou, à son défaut, — par entente avec le syndicat professionnel correspondant; si un accord n'a pu intervenir, — [la contestation est réglée] selon la procédure des conflits.

CHAPITRE IX

Garanties et indemnités

77. Les ouvriers et les employés conservent leur salaire moyen (*Remarque* sous l'art. 68) lors de

l'exercice de leur droit électoral, et dans les cas où l'exercice de ce droit aux heures de travail est sanctionné par l'organe d'Etat correspondant.

78. Les ouvriers et les employés cités en justice en qualité de témoins, d'experts ou d'assesseurs conservent leur salaire moyen pendant tout le temps qu'exige l'accomplissement des obligations qui leur sont imposées par les autorités judiciaires.

79. Les ouvriers et les employés élus pour participer, en qualité de représentants, à des congrès, conférences et assemblées de mandataires convoqués par les organes d'Etat, les organes professionnels et ceux de la coopération unifiée de consommation, conservent leur salaire moyen pour toute la durée de l'exercice de leur mandat, pour autant qu'il a lieu aux heures de travail.

80. Les ouvriers et les employés appelés dans l'armée Rouge reçoivent, au moment où ils quittent leur lieu de travail par suite d'appel, une avance de deux semaines de rémunération au salaire moyen.

81. La conservation de leur place et de leur salaire moyen est garantie aux ouvriers et aux employés envoyés en mission pour affaires de service, pour toute la durée de leur mission; ils reçoivent des allocations journalières qui ne peuvent être inférieures à un vingt-quatrième du salaire mensuel; en outre, les frais liés à la mission sont remboursés selon la procédure et dans les proportions établies par le Commissariat du Peuple pour le Travail.

82. Lorsqu'un ouvrier ou un employé, par décision de l'administration de l'établissement ou de l'entreprise, est transféré d'un lieu à un autre, — ce

transfert entraînant changement de domicile (art. 37),
— les frais de déménagement lui sont remboursés
et il reçoit pour le temps du déménagement et pour
six jours en plus des allocations journalières dont
le montant ne peut être inférieur à un vingt-quatrième du salaire mensuel; en même temps on lui
verse un subside global égal à la rétribution men-
suelle du lieu où il était en service antérieurement,
et, dans le cas où les membres de sa famille démé-
nageraient avec lui, un subside supplémentaire global
dont le montant ne peut être inférieur à un quart du
salaire mensuel pour chaque membre de la famille.

83. La détérioration de l'outillage, des produits
finis et des matériaux par suite de la négligence de
celui qui a loué ses services ou d'inexécution par
lui des règlements d'atelier, peut entraîner, par décision de la commission des conflits et d'évaluation,
une retenue globale sur le salaire, égale au montant
du dégât, mais qui ne peut dépasser un tiers du
tarif du salaire mensuel.

84. L'employeur garantit la mise gratuite à la disposition de ceux qui ont loué leurs services des instruments et du matériel nécessaires à leur travail.

85. L'emploi, pour les besoins de l'entreprise, d'un
instrument appartenant à celui qui a loué ses services, entraîne pour l'employeur l'obligation de donner à l'ouvrier, en compensation de l'usure de l'instrument, une somme correspondante, qui est fixée
par le contrat collectif, ou, à son défaut, conformément aux dispositions du Commissariat du Peuple
pour le Travail.

86. Dans les entreprises où les conditions de la

production comportent une usure rapide du vêtement et de la chaussure, l'employeur est tenu de pourvoir gratuitement de ces objets les travailleurs occupés dans son entreprise, d'après les listes de professions et les normes spécialement établies par le Commissariat du Peuple pour le Travail. Dans les cas où, sur la conclusion des organes locaux du Commissariat du Peuple pour le Travail, la livraison en nature des objets susdits ne paraît pas possible, l'employeur doit compenser en argent le défaut de livraison, pour le montant de leur coût réel.

87. Les ouvriers et les employés maintenus dans les entreprises et établissements qui ont arrêté leurs travaux pour une durée allant jusqu'à un mois conservent un salaire correspondant au tarif de leur catégorie.

Remarque. — En cas d'arrêt des travaux dans une entreprise ou un établissement pour une durée de trois jours au plus, le paiement des employés et des ouvriers pour ce temps d'arrêt s'effectue d'après le salaire moyen (*Remarque* sous l'art. 68).

88. Quand un contrat de travail, soit à terme, soit sans fixation de terme, est résilié pour les causes prévues aux paragraphes *a*), *b*) et *c*) de l'article 47, l'employeur est tenu de payer à celui qui [lui] loue ses services un subside de départ [indemnité de congédiement] égal à deux semaines de salaire, ou de le prévenir quinze jours à l'avance de son congé imminent.

89. Dans le cas de résiliation du contrat de travail pour les causes prévues aux articles 36 (alinéa 2), 37, 48 et 80, celui qui a loué ses services reçoit un

subside de départ se montant à deux semaines de
salaire.

90. Dans le cas de résiliation du contrat de travail pour les causes prévues aux paragraphes *d*),
e), *f*), *g*) de l'article 47 et à l'article 49, de même
que dans le cas de cessation du contrat sur le propre
désir de celui qui a loué ses services dans les formes de l'article 46, — le subside de départ n'est pas
remis.

91. Dans le cas où, avec l'approbation de la commission des conflits et d'évaluation ou, à son défaut,
avec l'approbation du syndicat professionnel correspondant, l'entreprise ou l'établissement n'ont pas octroyé de congé régulier (art. 114) et — quand il y
a lieu — de congés supplémentaires (art. 116), l'ouvrier ou l'employé a le droit de recevoir une compensation pécuniaire, dont le montant est fixé proportionnellement à son salaire moyen au moment de
la remise de la compensation.

92. Les ouvriers et les employés ayant perdu temporairement la capacité de travail conservent leur
place dans l'établissement ou l'entreprise dans lesquels ils travaillaient : pour une durée de deux mois
au moins en cas de maladie, et de quatre mois [pour
les femmes] en cas de grossesse et de couches (art. 47
et 132).

93. Dans le cas d'insolvabilité de l'employeur, tous
paiements aux ouvriers et aux employés, découlant
des contrats collectifs et des contrats de travail, doivent s'effectuer en premier lieu, par priorité sur
toutes les autres dettes de l'employeur, conformé-

ꞌment à l'article 101 du Code Civil et à l'article 266 du Code de Procédure Civile.

Rédaction de l'ordonnance du V. TS. I. K. [Comité Exécutif Central Panrusse] et du S. N. K. [Conseil des Commissaires du Peuple] du 11 août 1924 (*Recueil des Lois*, 1924, nꞌ 70, art. 692 et no 79, art. 788).

CHAPITRE XI

Durée de travail

94. La durée du temps de travail normal dans les entreprises de production, aussi bien que dans leurs services auxiliaires, nécessaires pour la production, ne peut dépasser huit heures.

Remarque. — Le Commissariat du Peuple pour le Travail, d'accord avec le Comité Central Panrusse des Syndicats Professionnels, a le droit d'instituer des catégories de travailleurs de confiance — politiques, professionnels, soviétiques (1) — dont le travail n'est pas fixé limitativement par le temps indiqué à l'article 94.

95. La durée du temps de travail ne peut dépasser six heures : *a*) pour les personnes âgées de 16 à 18 ans; *b*) pour les personnes occupées à un travail intellectuel ou à un travail de bureau, à l'exception de celles dont le travail est en liaison directe avec la production; *c*) pour les personnes occupées à des travaux en sous-sol, conformément aux listes de professions établies par le Commissariat du Peuple pour le Travail.

---

1. [C'est-à-dire dans les *soviets* (conseils).]

Pour les personnes occupées dans les branches de production particulièrement pénibles et nuisibles pour la santé, il est institué une journée de travail réduite, conformément aux listes et aux normes établies par le Commissariat du Peuple pour le Travail.

96. La durée du temps de travail établie aux articles 94-95 est réduite d'une heure, quand il y a travail de nuit.

Dans les travaux qui se font par postes ou dans le service de permanence, la durée du temps de travail de nuit est égale à celle du travail de jour; mais, en ce cas, le salaire de chaque heure faite de nuit est relevé en proportion (l'heure de nuit étant payée comme les huit septièmes (art. 94), ou les six cinquièmes (art. 95) de l'heure de jour).

Si le paiement se fait aux pièces, les ouvriers, pour chaque heure de travail de nuit, reçoivent en plus du salaire aux pièces, un septième ou un cinquième (conformément aux art. 94-95) du tarif horaire de leur catégorie.

Remarque. — Le temps de nuit est compté de dix heures du soir à six heures du matin.

97. Pour les travailleurs dont les emplois tels que service de maison, réparations [dans les maisons], travaux agricoles, et autres analogues, ont un caractère permanent, et comportent la paie au mois, le temps de travail peut être coupé en un certain nombre de parties de durée facultative, à la condition que le nombre des interruptions de travail ne dépasse pas deux par jour et que la durée du temps de travail pendant le mois ne dépasse pas le total mensuel normal des heures de travail (art. 94).

98. Pendant le temps de travail normal, il doit être accordé au travailleur une interruption de travail pour se reposer et prendre son repas. La durée de cette interruption n'entre pas dans le compte du temps de travail.

Remarque. — Dans les travaux qui ne comportent pas d'interruption, l'ouvrier doit avoir la possibilité de prendre ses repas pendant le temps de travail, et les règlements d'atelier doivent indiquer le lieu où seront pris les repas. La liste de ces travaux est établie par le Commissariat du Peuple pour le Travail.

99. Celui qui a loué ses services dispose à sa guise du temps d'interruption, et il a le droit, pendant la relâche, de quitter le lieu où s'effectuent les travaux.

Remarque. — Les dérogations à la règle indiquée à l'article 99 dans les entreprises de caractère spécial ne peuvent être autorisées qu'avec le consentement du syndicat professionnel correspondant et avec l'approbation des organes du Commissariat du Peuple pour le Travail.

100. Les repos, dans les travaux à interruption régulière, doivent avoir lieu quatre heures au plus tard après le commencement du travail, et leur durée doit être d'une demi-heure au moins, de deux heures au plus. La durée de l'interruption de travail, dans les limites des normes indiquées, est fixée par les règlements d'atelier.

Remarque. — Les règles concernant les repos spéciaux pour les mères nourrissant elles-mêmes [leurs enfants] sont exposées à l'article 134.

101. Le moment du début et celui de la fin de la

journée de travail, ainsi que de l'interruption de travail, sont établis par les règlements d'atelier.

102. Dans le travail par postes, chaque groupe d'ouvriers doit effectuer le travail pendant le temps de travail normal; la relève d'un poste par l'autre a lieu à des heures fixées par les règlements d'atelier, sans qu'il puisse en résulter un préjudice pour la marche normale du travail.

103. En règle générale, le travail en sus du temps normal de travail (travail supplémentaire) n'est pas autorisé.

104. Les travaux supplémentaires ne sont autorisés que dans les cas exceptionnels suivants :

a) Lors de l'exécution de travaux nécessaires pour la défense de la République, ou pour conjurer des calamités ou dangers publics;

b) Lors de l'exécution de travaux d'utilité publique — adduction d'eau, éclairage, canalisation, transports, communications postales, télégraphiques et téléphoniques, — pour parer aux circonstances fortuites ou imprévues qui en troublent la marche régulière;

c) A raison de la nécessité d'achever un travail commencé qui, par suite d'un retard imprévu et fortuit, dans les conditions techniques de la production, n'a pu être terminé dans le temps normal de travail, — si en outre l'arrêt du travail commencé peut entraîner la détérioration des matériaux ou des machines;

d) Lors de l'exécution de travaux temporaires de réparation et de remise en état de mécanismes ou d'outillages, — dans les cas où leur désorganisation peut entraîner l'arrêt des travaux pour un nombre considérable de travailleurs.

Remarque. — Le recours aux travaux supplémentaires dans les cas indiqués au présent article n'est autorisé qu'en vertu d'une décision de la commission locale des conflits et d'évaluation, ou, à défaut de celle-ci, avec l'agrément du syndicat professionnel correspondant et l'autorisation de l'inspecteur du travail; dans les cas urgents, — en informant ultérieurement l'inspecteur du travail.

105. Il est absolument interdit aux personnes qui n'ont pas atteint [l'âge de] 18 ans d'effectuer des travaux supplémentaires.

106. La quantité globale de travaux supplémentaires, pour chaque personne ayant loué ses services, ne peut dépasser cent vingt heures pendant l'année; le temps passé à l'exécution de travaux supplémentaires pendant deux jours consécutifs ne peut dépasser quatre heures.

Remarque. — Dans des branches séparées de l'économie ayant un caractère saisonnier, le nombre des travaux supplémentaires peut être augmenté par le Commissariat du Peuple pour le Travail, d'accord avec le Conseil Central Panrusse des Syndicats Professionnels, au delà de la norme-limite établie à l'article 106.

107. L'exécution de travaux supplémentaires pour compenser le temps perdu par suite d'arrivée en retard au travail n'est pas autorisée.

108. Chaque travail supplémentaire doit faire l'objet d'une mention au livret de compte de celui qui a loué ses services, ainsi que dans un registre spécial des travaux supplémentaires, avec indication du moment du début et de la fin des travaux et de

la rémunération reçue par celui qui a loué ses services, pour exécution d'un travail supplémentaire.

CHAPITRE XI

Temps de repos

109. Tous les travailleurs ont droit à un repos hebdomadaire continu d'une durée de quarante deux heures au moins. Les jours de repos hebdomadaire sont établis par les sections locales du travail d'accord avec les soviets [conseils] des syndicats professionnels, et peuvent être fixés soit au dimanche, soit à tel autre jour de la semaine, en tenant compte de la nationalité et de la religion auxquelles appartiennent les ouvriers et les employés de la localité donnée.

110. Quant à ceux qui travaillent dans des entreprises, établissements et exploitations où, à raison des conditions de leur travail, ils ne peuvent profiter du jour de repos hebdomadaire communément établi, le repos doit leur être accordé à d'autres jours de sortie à leur convenance. Les mêmes règles s'étendent aussi aux personnes travaillant dans des entreprises dont la nature comporte une activité continue. Dans ces dernières, à la place du jour communément établi, des jours de sortie spéciaux sont fixés pour chaque groupe de travailleurs.

111. L'exécution de travaux est interdite les jours de fête suivants :

a) 1ᵉʳ janvier — Nouvel An;

b) 22 janvier (1) — jour [anniversaire] du 9 janvier 1905;

c) 12 mars (2) — jour [anniversaire] du renversement de l'autocratie;

d) 18 mars (3). — jour [anniversaire] de la Commune de Paris;

e) 1er mai — jour [fête] de l'Internationale;

f) 7 novembre (4) — jour [anniversaire] de la Révolution Prolétarienne.

112. Les Sections du travail, d'accord avec les soviets [conseils] de *gouvernement* des syndicats professionnels, établissent, outre les jours fériés indiqués à l'article 111 du Code des Lois du Travail, huit jours de repos spéciaux par an, en les faisant concorder avec les conditions locales de nationalité et d'us et coutumes, la composition de la population (5), etc.

Remarque. — Le Commissariat du Peuple pour le Travail, d'accord avec le Conseil Central Panrusse des Syndicats Professionnels, a le droit de dresser des listes d'entreprises et d'établissements dans lesquels, vu la nature du travail, celui-ci doit être exécuté sans interruption à tels ou tels jours de repos ou de fête institués par les articles précédents.

1 [(Nouveau style).]

2. [(Nouveau style), 1917.]

3. [1871.]

4 [(Nouveau style), 1917. Les Russes continuent de l'appeler *Révolution d'octobre* à cause de sa date (25 octobre, en vieux style), malgré l'introduction officielle du calendrier grégorien dans la R. S. F. S. R.]

5. [Les mots « les fêtes populaires », qui suivaient, ont été supprimés dans la 1re Suite au Recueil des Codes (juillet 1925).]

Rédaction de l'ordonnance du V.TS.I.K. et du S.N.K. du 9 février 1925 (*Recueil des Lois*, 1925, n° 9, art. 66 et n° 29, art. 205).

113. La veille des jours de repos ou de fête (articles 109-111), la durée de la journée de travail ne doit pas dépasser six heures, et ces journées sont payées comme la journée pleine. Lorsque le paiement est aux pièces, les heures non faites, conformément au présent article, doivent être payées en plus aux tarifs de la catégorie correspondante.

Remarque. — La paye des personnes payées au mois ne subit pas de retenue pour les jours de fête et de veille de fête.

114. Toute personne travaillant en service loué reçoit une fois l'an, après cinq mois et demi au moins de travail ininterrompu, un congé régulier d'une durée de deux semaines au moins. Pour les personnes qui n'ont pas atteint [l'âge de] 18 ans, la durée du congé ne peut être inférieure à un mois.

Remarque. — La continuité de travail donnant droit, aux termes de l'article 114, à un congé régulier, n'est pas rompue dans le cas de transfert [du travailleur] d'une entreprise ou d'un établissement dans un autre par décision de l'administration, ou de passage du travailleur, sans interruption de travail, d'un établissement ou d'une entreprise d'Etat dans l'autre.

115. Les personnes travaillant dans des entreprises particulièrement insalubres et dangereuses reçoivent, outre les congés prévus à l'article 114, des congés supplémentaires d'une durée de deux semaines au moins.

La liste des branches de production et des professions donnant droit à un congé supplémentaire est établie par le Commissariat du Peuple pour le Travail.

116. Il est interdit de refuser, comme de remplacer par une compensation pécuniaire (art. 91), les congés supplémentaires prévus par l'article 115, de même que les congés réguliers des non-majeurs (article 114), hormis les cas prévus par des dispositions spéciales du Commissariat du Peuple pour le Travail.

117. La jouissance de congés peut avoir lieu au cours de toute l'année, mais ne doit pas nuire à la marche normale des travaux dans les entreprises, établissements et exploitations.

118. La date, le mode et le jour de jouissance des congés doivent être établis par la commission des conflits et d'évaluation, ou, à défaut de celle-ci, par accord entre l'administration de l'entreprise, de l'établissement ou de l'exploitation et les représentants des ouvriers (art. 156).

Au cas où surgit un désaccord sur ces questions, elles sont tranchées selon la procédure des conflits.

119. Les congés accordés aux travailleurs [ou travailleuses] en la forme établie pour cause de maladie ou de maternité, n'entrent pas dans le compte des congés réguliers et supplémentaires prévus aux articles 114 et 115.

120. Si le congé régulier n'a pas été utilisé dans l'année, sans que ce soit le fait du travailleur, et si le travailleur n'a pas reçu de compensation pour ce congé (art. 91), celui-ci doit être allongé, l'année

suivante, du temps non utilisé. Le cumul des congés de plus de deux années n'est pas autorisé.

CHAPITRE XII

Apprentissage

121. Par apprentis on entend les personnes qui sont dans les écoles d'apprentissage, dans les brigades et ateliers d'apprentissage, ou encore qui font un apprentissage individuel au cours de la production, sous la direction d'ouvriers qualifiés.

122. La durée de l'apprentissage est établie par le Commissariat du Peuple pour le Travail, d'accord avec le Conseil Central Panrusse des Syndicats Professionnels et le Commissariat du Peuple pour l'Instruction [publique], selon les diverses professions; mais elle ne peut dépasser quatre ans pour la plus haute qualification.

123. Le nombre des apprentis, [soit quand il est] fixé lors de la conclusion du contrat collectif, soit en l'absence [de disposition] de ce contrat, ne doit pas être inférieur aux normes établies par le Commissariat du Peuple pour le Travail, d'accord avec le Conseil Central Panrusse des Syndicats Professionnels et les organes économiques centraux, pour la branche d'industrie donnée.

124. Les apprentis ne doivent être employés à aucuns travaux étrangers à l'apprentissage de leur spécialité.

125. Les entreprises sont soumises à l'obligation de réaliser les mesures nécessaires pour l'organisa-

tion régulière de l'apprentissage des adolescents, conformément aux dispositions édictées conjointement par le Commissariat du Peuple pour le Travail, le Commissariat du Peuple pour l'Instruction [publique] et le Conseil Suprême de l'Economie Populaire, et, dans les cas voulus, par les organes économiques correspondants.

126. Les apprentis qui ont terminé dans le temps fixé l'apprentissage de telle ou telle spécialité subissent un examen. Ils ont le droit de subir cet examen même avant l'expiration du temps d'apprentissage fixé.

127. Le Commissariat du Peuple pour le Travail a le droit d'édicter des dispositions obligatoires sur les normes et les règles de l'apprentissage.

128. Le contrôle et la surveillance de l'organisation régulière de l'apprentissage incombent aux organes du Commissariat du Peuple pour le Travail.

Chapitre XIII

Travail des femmes et des non-majeurs

129. Il est interdit de faire travailler les femmes, et les personnes au-dessous de 18 ans, dans les branches de production particulièrement pénibles et nuisibles à la santé, ainsi que dans les travaux du soussol.

La liste des travaux particulièrement pénibles et insalubres, ainsi que les normes-limites des fardeaux pour les femmes et les adolescents respectivement, sont établies par le Commissariat du Peuple pour le

Travail, d'accord avec le Comité Central Panrusse des Syndicats Professionnels.

130. Les femmes, et les personnes au-dessous de 18 ans, ne sont pas autorisées à travailler la nuit.

Remarque. — Le Commissariat du Peuple pour le Travail, d'accord avec le Conseil Central Panrusse des Syndicats Professionnels, a le droit d'autoriser l'exécution de travaux de nuit pour les femmes adultes dans les branches de production où une nécessité spéciale l'impose.

131. Le travail de nuit et le travail supplémentaire ne sont autorisés en aucun cas pour les femmes enceintes ou nourrissant au sein.

132. Les femmes occupées à un travail physique sont exemptées de travail huit semaines avant et huit semaines après les couches; celles qui sont occupées à un travail intellectuel ou dans des bureaux, — six semaines avant et six semaines après les couches (art. 181).

Remarque. — La liste des professions impliquant travail intellectuel ou de bureau, pour lesquelles, à raison de leurs particularités, les délais de congé de maternité sont fixés à huit semaines avant et huit semaines après les couches, est publiée par le Commissariat du Peuple pour le Travail.

133. A partir du cinquième mois de la grossesse, les femmes ne peuvent être, sans leur consentement, envoyées en service commandé hors de leur lieu de travail permanent.

134. Pour les mères qui nourrissent au sein, il doit être institué, outre les repos généraux (article 100), des repos supplémentaires pour l'allaite-

ment de l'enfant. Les moments exacts de ces repos sont établis par les règlements d'atelier; toutefois les repos pour allaitement ne peuvent avoir lieu moins d'une fois toutes les trois heures et demie, et leur durée ne peut être moindre qu'une demi-heure.

Les repos sus-indiqués sont comptés dans le temps de travail.

135. L'engagement de personnes au-dessous de 16 ans est interdit.

Remarque. — Dans des cas exceptionnels, les inspecteurs du travail ont le droit, en vertu d'une instruction spéciale, publiée par le Commissariat du Peuple pour le Travail, d'accord avec le Conseil Central Panrusse des Syndicats Professionnels, d'autoriser le travail de mineurs n'ayant pas moins de 14 ans (1).

136. Pour les personnes au-dessous de 16 ans travaillant déjà dans une entreprise ou y rentrant par application de la *Remarque* ci-dessus (art. 135), la journée de travail est fixée à quatre heures.

137. Le nombre maximum (2) des ouvriers non-majeurs pour les diverses branches d'industrie est réglé par des dispositions spéciales, publiées par le Commissariat du Peuple pour le Travail, d'accord avec le Conseil Central Panrusse des Syndicats Professionnels.

1. [Voir *Les Codes de la Russie soviétique*, t I, *Code civil*, p. 105 note 1.]

2. [Le texte porte « *minimalnoé* » (« minimum »). Il n'est pas possible que le législateur soviétique ait voulu dire autre chose que *maximum* : ce serait contraire à toutes les politiques ouvrières actuelles, où la préoccupation ne peut être que de limiter le nombre *maximum* d'enfants qui pourront être employés.]

CHAPITRE XIV

Protection du travail

138. Nulle entreprise ne peut être ouverte, mise en marche ou transférée dans un autre bâtiment sans l'approbation de l'inspection du travail et des organes de surveillance de l'hygiène industrielle et [de surveillance] technique.

139. Toutes les entreprises et tous les établissements doivent prendre les mesures nécessaires pour supprimer ou atténuer les conditions de travail malsaines, pour prévenir les accidents et entretenir le lieu de travail en état convenable au point de vue sanitaire et hygiénique, conformément aux dispositions générales et spéciales, obligatoires pour les diverses branches de production, qui ont été édictées par le Commissariat du Peuple pour le Travail.

140. Les machines, transmissions et établis doivent être arrêtés pendant le temps des repos, sauf dans les cas où leur arrêt serait impossible pour des causes techniques, et où ils servent à la ventilation, à l'épuisement des eaux, à l'éclairage, etc.

141. Dans tous les travaux particulièrement insalubres, ou comportant séjour dans une température anormale, dans l'humidité, ou salissants, de même que dans les cas où des considérations d'hygiène publique le commandent, les ouvriers reçoivent, au compte de l'entreprise, des vêtements spéciaux et des appareils protecteurs (lunettes, masques, appareils respiratoires, savon, etc.) d'après les listes de

travaux et selon la norme établies par le Commissariat du Peuple pour le Travail.

142. Dans les branches de production comportant danger d'intoxication professionnelle, les ouvriers reçoivent comme antidotes des graisses ou des substances neutralisantes, d'après les listes et dans les quantités établies par le Commissariat du Peuple pour le Travail. Ces fournitures sont effectuées au compte de l'entreprise.

Remarque. — En cas de non-fourniture de vêtements spéciaux, d'appareils protecteurs ou d'antidotes (art. 141 et 142) et d'acquisition de ces objets par les ouvriers eux-mêmes, le coût leur en est remboursé au prix réel.

143. Le Commissariat du Peuple pour le Travail et ses organes locaux ont le droit d'établir, dans les branches de production et dans les entreprises particulièrement insalubres, l'obligation d'une visite préalable pour tous les ouvriers ou groupes distincts d'ouvriers (femmes et adolescents) prenant leur travail, ainsi que d'une contre-visite périodique.

144. Le Commissariat du Peuple pour le Travail, d'accord avec le Conseil Central Panrusse des Syndicats Professionnels, a le droit d'interdire les travaux de nuit dans les entreprises où ils ne sont pas exigés par une nécessité spéciale et où ils ont des effets particulièrement nuisibles sur la santé des ouvriers.

145. Les entreprises, établissements et exploitations sont tenus d'afficher en lieu apparent toutes les ordonnances et [tous les] règlements en vigueur sur la protection du travail des ouvriers et des employés, et de tenir les registres exigés à cette fin par les

ordonnances du Commissariat du Peuple pour le Travail.

146. Le contrôle de l'exécution, par tous établissements, entreprises, exploitations et, par toutes personnes, de toutes les dispositions du présent Code, des décrets, instructions, décisions, et des contrats collectifs dans la partie qui concerne les conditions du travail, la protection de la santé et de la vie des travailleurs, incombe à l'inspection du travail, à l'inspection technique et à l'inspection sanitaire qui ressortissent au Commissariat du Peuple pour le Travail.

147. Les inspecteurs du travail sont élus pour une durée indéterminée par le Conseil des Syndicats Professionnels et confirmés par le Commissariat du Peuple pour le Travail.

148. Pour remplir les tâches prévues à l'article 146, les organes de l'inspection du travail :

a) Visitent à toute heure de jour et de nuit tous les établissements, entreprises et exploitations de leur rayon, et tous les lieux où du travail est effectué, ainsi que toutes les installations annexes pour les ouvriers [et ouvrières] (logements, hôpitaux, crèches, bains, etc.);

b) Réclament aux possesseurs et aux administrateurs des entreprises, établissements et exploitations les explications nécessaires, ainsi que tous les livres, documents et renseignements voulus;

c) Emettent des conclusions sur la possibilité d'ouvrir des entreprises — totalement ou partiellement;

d) Edictent des prescriptions obligatoires pour les établissements, entreprises, exploitations d'Etat, publics et privés et les personnes [publiques et privées], en vue de faire cesser les infractions et autres vices constatés par eux dans le domaine de la protection du travail;

e) Intentent des poursuites par voie administrative et judiciaire pour toute inobservation des dispositions du présent Code, des décrets, instructions, décisions et autres actes du pouvoir soviétique visant la protection de la vie et de la santé des travailleurs.

149. Outre les mesures indiquées aux articles précédents, les organes de l'inspection du travail ont le droit de prendre des mesures extraordinaires pour faire disparaître les conditions qui menaceraient directement la vie et la santé des ouvriers, même quand le recours à ces mesures n'aurait pas été prévu par des lois, instructions ou dispositions spéciales du Commissariat du Peuple pour le Travail et de ses organes locaux.

150. Le soin de veiller à l'application et à l'exécution ponctuelles des décisions, règlements et dispositions obligatoires concernant l'hygiène professionnelle, les conditions sanitaires dans les manufactures, la technique de la sécurité, incombe aux inspecteurs sanitaires et techniques du Commissariat du Peuple pour le Travail.

CHAPITRE XV

Les Syndicats professionnels (de production) d'ouvriers et d'employés et leurs organes dans les entreprises, établissements et exploitations.

151. Les syndicats professionnels (de production) qui groupent des citoyens travaillant moyennant sa-

laire dans des entreprises, établissements et exploitations d'Etat, publics et privés, ont le droit d'agir auprès des différents organes, au nom des travailleurs salariés, en qualité de partie contractante à des contrats collectifs, et d'être leurs représentants pour toutes les questions de travail et de conditions locales.

152. Les syndicats professionnels (de production) organisés sur les bases fixées par les congrès correspondants de ces organisations ne sont point astreints à l'enregistrement dans les institutions d'Etat. tel qu'il est établi pour les sociétés et associations; ils sont enregistrés dans les organisations intersyndicales qui les groupent, selon la procédure fixée par les congrès panrusses des syndicats professionnels.

153. Toutes autres fédérations non enregistrées conformément à l'article 152 ne peuvent prendre le nom de syndicats professionnels (de production) et s'arroger les droits de ces derniers.

154. Les syndicats professionnels (de production) ont le droit :

a) D'acquérir des biens et de les posséder; b) de passer des contrats, actes, etc., de tout genre sur la base de la législation en vigueur.

Remarque. — Tous les droits accordés aux syndicats professionnels (de production) s'étendent également à leurs fédérations intersyndicales.

155. Tous les organes d'Etat doivent, conformément à l'article 16 de la Constitution de la R. S. F. S. R., prêter tout le concours possible aux syndicats professionnels (de production) et à leurs fédérations, en leur fournissant des locaux aménagés pour des palais du travail, des maisons syndicales, en leur

accordant des conditions privilégiées pour l'utilisation de la poste, du télégraphe, du téléphone, des communications par voie ferrée ou par eau, etc.

156. L'organe primaire du syndicat professionnel, dans une entreprise, un établissement ou une exploitation est le comité des ouvriers et des employés (comité d'usine ou de manufacture, de mines, du bâtiment, [comité] local, etc.) ou le délégué mandaté du syndicat, qui remplace le comité.

Remarque 1. — Le mode d'élection du comité des ouvriers d'une entreprise, d'un établissement ou d'une exploitation donnés est fixé par le syndicat professionnel (de production) correspondant.

Remarque 2. — Dans les départements de la guerre et de la marine, les comités d'ouvriers et d'employés sont organisés et agissent sur la base de l'ordonnance spéciale publiée par le Commissariat du Peuple pour le Travail, d'accord avec le Conseil Révolutionnaire de la Guerre de la République et le Conseil Central Panrusse des Syndicats Professionnels.

157. Dans les entreprises, établissements ou exploitations, aucun autre comité, hormis celui prévu à l'article 156 du présent Code et confirmé par le syndicat professionnel (de production) correspondant, ne peut jouir des droits conférés par les articles 158-160.

158. L'œuvre du comité a pour objet :

a) De représenter et de défendre les intérêts des ouvriers et des employés qu'il groupe devant l'administration de l'entreprise, de l'établissement et de l'exploitation dans les questions qui concernent les conditions du travail et de la vie des travailleurs;

b) De représenter ceux-ci devant les organisations gouvernementales et publiques; _

c) De veiller à ce que l'administration de l'entreprise, de l'établissement ou de l'exploitation observe exactement les normes fixées par la loi pour la protection du travail, l'assurance sociale, le paiement du salaire, les règlements d'hygiène et de technique de la sécurité, etc., et aussi de seconder les organes d'Etat de la protection du travail;

d) De prendre des mesures pour améliorer la vie culturelle et matérielle des ouvriers et des employés;

e) De contribuer à la marche normale de la production dans les entreprises d'Etat et de participer, par l'intermédiaire des syndicats professionnels (de production) correspondants, à la réglementation et à l'organisation de l'économie populaire.

159. L'élection et la prise de fonctions du comité sont portées à la connaissance de l'administration. Le nombre des membres du comité d'ouvriers et d'employés susceptibles d'être exemptés de leur travail permanent pour travailler dans le comité est établi d'après la norme suivante:

Pour un nombre global d'ouvriers d'une entreprise, d'un établissement ou d'une exploitation :

Jusqu'à 300 personnes, il en est exempté au plus 1				pour tout
De 300 à 1.000	—	—	—	2 le temps
De 1.000 à 5.000	—	—	—	3 du
Au dessus de 5.000	—	—	—	5 travail

L'exemption de travail pour les membres du comité est effectuée par [les soins de] l'administration, en vertu d'une décision du comité.

160. L'exemption de travail [accordée aux] membres du comité pour [qu'ils puissent] travailler d'une manière permanente audit [comité] a lieu avec maintien du salaire de leur qualification, sans que celui-ci puisse descendre au-dessous du tarif correspondant. Aux membres du comité exemptés [de travail] est garantie, à l'expiration de leurs pouvoirs, la reprise de leur emploi dans l'entreprise, l'établissement ou l'exploitation donnés, sur la base du contrat de louage de services antérieur à leur élection et des changements intervenus dans le contrat pendant qu'ils étaient au comité.

Les membres du comité ne peuvent être congédiés, en dehors de l'observation des règles générales sur la cessation et la résiliation du contrat de travail (art. 44 et 47), qu'avec le consentement du syndicat professionnel (de production) correspondant.

161. Aucun obstacle ne peut être apporté, par l'administration de l'entreprise, de l'établissement ou de l'exploitation, à l'activité des comités et des organes syndicaux qui les élisent (assemblées générales, [assemblées] de délégués); toutefois :

a) Les assemblées générales et les [assemblées] de délégués doivent, en règle générale, avoir lieu en dehors du temps de travail; elles peuvent avoir lieu aux heures de travail dans les cas où l'assemblée remplit des fonctions d'Etat (élections aux soviets de députés ouvriers et paysans, aux institutions d'assurance sociale) ou élit des délégués aux congrès des syndicats professionnels. Dans les autres cas exceptionnels, cette dérogation n'est autorisée que d'accord avec l'administration. Les mêmes règles s'appliquent aux assemblées des [divers] corps de. métiers [de l'entreprise];

b) Les séances du comité ont également lieu, en règle générale, en dehors des heures de travail; dans les cas exceptionnels seulement, et d'accord avec l'administration, tous les membres du comité peuvent être, aux heures de travail, libérés pour ces séances;

c) L'administration est tenue de porter à la connaissance du comité, dans un délai de trois jours, les engagements d'ouvriers et d'employés, et de l'aviser également des congédiements prévus.

162. Les fonds nécessaires à l'entretien du comité des ouvriers et des employés sont fournis par l'administration de l'entreprise, de l'établissement ou de l'exploitation, d'après un budget approuvé par le syndicat professionnel correspondant et dont le montant ne peut excéder 2 0/0 du salaire total des ouvriers et des employés de l'entreprise, établissement ou exploitation donnés.

163. L'emploi des sommes indiquées à l'article 162 est fait par le comité sur la base de règlements élaborés par les syndicats professionnels correspondants et ne peut être affecté à aucun besoin étranger à leur destination propre.

164. Les syndicats professionnels (de production) ont le droit d'exiger de l'administration de l'entreprise, de l'établissement ou de l'exploitation le versement en temps voulu des fonds d'entretien du comité, ainsi que d'exercer le contrôle correspondant sur leur entrée et leur emploi.

165. L'administration des entreprises, établissements et exploitations est tenue de fournir gratuite-

ment au comité le local nécessaire avec toutes les installations, le chauffage, l'éclairage pour les travaux tant du comité lui-même que des assemblées générales ou des assemblées de délégués des travailleurs que groupe le comité; il est permis d'entrer librement dans ce local pour les affaires du comité.

166. Les membres des directions des syndicats professionnels, leurs mandataires par mandats spéciaux, de même que les membres du comité (art. 151 et 156) ont le droit de visiter librement tous les ateliers, [locaux des] corps de métiers, sections, laboratoires, etc., dans l'entreprise, l'établissement ou l'exploitation donnés.

167. Toute infraction aux règles établies dans le chapitre XV du présent Code : « Les syndicats professionnels (de production) d'ouvriers et d'employés et leurs organes dans les entreprises, établissements et exploitations » — est punie conformément à l'article 134 (1) du Code Pénal de la R. S. F. S. R.

Chapitre XVI

Organes de solution des conflits
et d'examen des affaires d'infraction aux lois du travail

168. Les affaires d'infraction aux lois du travail ainsi que tous litiges surgissant en matière d'emploi

1. [« Tout obstacle mis à l'activité légale des comités d'usine et de manufacture (comités locaux), des syndicats professionnels et de leurs mandataires, ou [tout] obstacle mis à l'exercice par eux de leurs droits est puni — de la privation de liberté pour une durée de six mois au moins et d'une amende ou de la confiscation de l'avoir ».]

du travail salarié sont tranchées soit par voie coercitive — dans des sessions spéciales des tribunaux populaires, soit par voie de conciliation — dans les commissions des conflits et d'évaluation, les chambres de conciliation et les tribunaux d'arbitrage, organisés sur la base de la représentation paritaire des parties. Toutes les institutions ci-dessus agissent sur la base de la législation relative à chacune d'entre elles.

169. Toutes les infractions au Code des Lois du Travail et à tous autres actes législatifs sur le travail, ainsi qu'aux contrats collectifs, pour autant qu'elles font l'objet de poursuites criminelles, sont examinées dans des sessions spéciales des Tribunaux Populaires. Ces sessions sont constituées comme suit : un juge populaire — président, et deux membres — un représentant du Commissariat du Peuple pour le Travail, un représentant des organisations professionnelles.

Tous les litiges individuels et collectifs entre l'employeur et les ouvriers ou les employés peuvent également être jugés dans les sessions susdites des Tribunaux Populaires, s'ils ne sont pas portés devant les chambres de conciliation.

170. Peuvent être examinés dans les chambres de conciliation et les tribunaux d'arbitrage :

a) Tous litiges portant sur la conclusion, l'exécution, l'interprétation et la modification des contrats collectifs ou des accords de salaires;

b) Tous litiges surgissant entre les parties sur le contrat de travail, dans le cas où les parties donnent leur consentement à ce mode de règlement, — à l'exclusion des litiges prévus au premier alinéa de l'article 169.

171. Les affaires viennent devant les chambres de conciliation par accord des parties. Les affaires ayant trait à la mise en pratique des contrats collectifs ne sont reçues par la chambre de conciliation qu'après avoir été instruites, mais non tranchées, en commission des conflits et d'évaluation. Dans la chambre de conciliation, les affaires sont tranchées exclusivement par accord des parties.

Au tribunal arbitral sont transmises, par accord des parties, les affaires déjà examinées ou non examinées par la chambre de conciliation.

En cas de conflits dans les établissements et entreprises d'Etat, les organes du Commissariat du Peuple pour le Travail, à la requête des syndicats professionnels, organisent des tribunaux d'arbitrage, dont l'acceptation est alors obligatoire pour les entreprises et établissements d'Etat. Dans les cas de conflits aigus, menaçant la sûreté de l'Etat, le tribunal arbitral peut être désigné par décision des organes suprêmes de l'Etat. (Comité Exécutif Central Panrusse, Conseil des Commissaires du Peuple, Conseil de Travail et de la Défense).

172. Les commissions des conflits et d'évaluation examinent uniquement les litiges qui surgissent en matière d'application des contrats collectifs et des contrats de travail, ainsi que les questions spécialement formulées dans le présent Code. Elles tranchent ces affaires par accord des parties, et, à défaut de cet accord, l'affaire peut être portée devant une instance supérieure.

Remarque. — Les litiges visant le fond du contrat collectif, la demande de modification de différentes parties de ce contrat, ainsi que la demande de conditions nouvelles ou complémentaires à inclure dans le contrat collectif, échappent à la compétence de la commission des conflits et d'évaluation.

173. Les décisions des commissions des conflits et d'évaluation, les accords [passés] devant les chambres de conciliation ayant force de contrat, ainsi que les dispositions des tribunaux d'arbitrage ne comportent pas de recours.

174. Les accords [passés] devant les chambres de conciliation sont mis à exécution par les parties elles-mêmes. Les décisions des tribunaux d'arbitrage, dans le cas où l'employeur se refuserait à les exécuter, sont transmises au Tribunal Populaire par l'intermédiaire des organes du Commissariat du Peuple pour le Travail. Celui-ci délivre dans les vingt-quatre heures un ordre de mise à exécution par voie coercitive de la décision [rendue].

En ce qui concerne les ouvriers, la décision du tribunal arbitral est exécutée par le syndicat professionnel.

CHAPITRE XVII

Assurance sociale

175. L'assurance sociale s'étend à toutes les personnes travaillant à gages, qu'elles soient employées dans des entreprises, établissements ou exploitations d'Etat, publics, coopératifs, donnés en concession,

affermés, mixtes ou privés, — ou chez des particuliers, et indépendamment de la nature, de la durée de leur travail et des modes de règlement.

176. L'assurance sociale embrasse :

a) L'assurance médicale;

b) La délivrance d'allocations en cas de perte temporaire de la capacité de travail (maladie, infirmité accidentelle, quarantaine, grossesse, couches, soins donnés à un membre de la famille malade);

c) La délivrance d'allocations supplémentaires (pour allaitement, objets [nécessaires] pour les soins ![à donner], funérailles);

d) La délivrance d'allocations de chômage;

e) La délivrance d'allocations d'invalidité;

f) La délivrance d'allocations aux membres des familles des travailleurs à gages en cas de décès ou de disparition [sans nouvelles] du chef qui pourvoyait à leur entretien.

177. Pour la mise en pratique de l'assurance sociale il est établi des cotisations d'un pourcentage proportionnel au salaire. Le montant des primes d'assurance dépend du degré d'insalubrité ou de danger de l'entreprise, et est établi par des dispositions spéciales du Commissariat du Peuple pour le Travail.

Remarque. — Les fonds d'assurance sont rigoureusement réservés aux besoins de la protection des ouvriers et des employés, sans qu'il soit permis de les dépenser pour d'autres besoins quelconques.

178. Les primes d'assurance sont versées par les entreprises, établissements, exploitations ou par les personnes qui emploient le travail loué, sans droit

d'imposer l'assuré ou de retenir ces primes sur le salaire.

179. Tous les assurés, dans le cas de perte temporaire de la capacité de travail, indépendamment des causes qui l'ont provoquée (art. 176, parag. *b*) bénéficient d'allocations dont le montant est égal au tarif de la catégorie correspondante dans l'entreprise ou l'établissement donnés au 'moment du paiement de l'allocation, et, en tout cas, ne descend pas au-dessous du salaire effectif de l'ouvrier invalide avant le moment de la perte de capacité de travail.

180. Les allocations pour incapacité de travail temporaire sont payées du jour de la perte de capacité de travail au jour du rétablissement de celle-ci ou de la constatation de l'état réel d'invalidité.

181. Les allocations de grossesse et de couches sont payées aux assurées pour tout le temps de leurs congés, pendant les périodes fixées par l'article 132 et la remarque y jointe du présent Code.

182. Les organes centraux d'assurance sociale ont le droit, en cas de ressources insuffisantes, d'abaisser temporairement la norme d'allocation pour perte temporaire de la capacité de travail (art. 179), sans que cette norme puisse être inférieure aux deux tiers du tarif de la qualification donnée.

183. En plus de l'allocation indiquée à l'article 181, il est établi, pour les assurés et leurs femmes, en cas de naissance d'un enfant : [1°] une allocation complémentaire globale pour les objets servant aux soins à donner au nouveau-né, — allocation se montant au salaire mensuel moyen de la localité donnée; [2°] une allocation pour allaitement de l'enfant, équi-

valente à un quart du salaire mensuel moyen dans la localité donnée. Cette dernière allocation est versée mensuellement pendant les neuf mois qui suivent la naissance de l'enfant.

184. Les allocations pour les funérailles des assurés et des membres de leurs familles incapables de travailler qui étaient à leur charge, sont fixées au montant du coût moyen des funérailles civiles, sans pouvoir dépasser le salaire mensuel moyen dans la localité donnée.

185. L'allocation de chômage est fixée par les organes compétents au montant minimum d'un sixième du salaire moyen dans la localité donnée, d'après la qualification du chômeur et le stage de travail à gages [effectué] jusqu'au moment de la perte de salaire.

Remarque. — Pour les chômeurs non-majeurs l'allocation est établie selon leur qualification, indépendamment de leur stage de travail à gages.

186. La durée du versement de l'allocation de chômage d'après la qualification et le stage de travail est fixée par les organes compétents; la durée-limite de ce versement ne doit pas être inférieure à six mois.

187. Ont droit à [bénéficier de] la prévoyance sociale en cas d'invalidité toutes les personnes qui travaillent à gages et qui ont perdu la capacité de travail par suite d'infirmité [accidentelle], de maladie, ou de vieillesse.

Le Conseil des Commissaires du Peuple est autorisé à fixer le temps de travail [ou de service] donnant droit à recevoir des allocations de vieillesse.

188. Les normes et les formes de service [social] de pensions pour les invalides sont établies par les organes compétents d'après la nature et le degré d'invalidité, et la situation matérielle des invalides.

189. En cas de décès ou de disparition [sans nouvelles] — certifiée en la forme requise — de personnes travaillant à gages, les membres suivants de leurs familles qui n'ont pas des moyens d'existence suffisants et qui se trouvaient à la charge des assurés doivent bénéficier de la prévoyance [sociale] : *a*) enfants, frères et sœurs non-majeurs, jusqu'à ce qu'ils aient atteint l'âge de 16 ans; *b*) parents [père et mère] et conjoints incapables de travailler; *c*) membres de la famille énumérés ci-dessus qui, tout en étant capables de travailler, ont chez eux des enfants au-dessous de huit ans.

190.. Les normes et les formes de la prévoyance [sociale] en faveur des membres des familles des assurés au cas de décès ou de disparition [sans nouvelles] de ces derniers, sont établies par les organes compétents, d'après l'usage et la situation matérielle des personnes appelées à bénéficier de la prévoyance [sociale].

191. Le non-versement, par les entreprises, établissements et exploitations et par les personnes privées, des cotisations d'assurance qui sont à leur charge (art. 178) ne prive à aucun titre ceux qui travaillent à gages du droit à recevoir toutes les allocations prévues aux articles 176 et suivants du présent Code.

192. Les contrevenants aux règlements sur l'assurance sociale exposés dans le présent Code, ainsi

que dans les autres actes législatifs, sont passibles de poursuites pénales, conformément aux articles correspondants du Code Pénal.

Signé : *Le Président du Comité Exécutif Central Panrusse ;* M. KALININE.

Le Commissaire du Peuple pour le Travail : V. SCHMIDT.

Le Secrétaire du Comité Exécutif Central Panrusse : A. ENOUKIDZÉ.

30 octobre 1922.

CODE AGRAIRE
DE LA R. S. F. S. R.

ORDONNANCE DU COMITÉ EXÉCUTIF CENTRAL PANRUSSE
SUR LA MISE EN APPLICATION DU CODE AGRAIRE
ADOPTÉE A LA IVe SESSION DE LA IXe LÉGISLATURE
LE 30 OCTOBRE 1922

En exécution de l'ordonnance du IXe Congrès Panrusse des Soviets sur la question agraire (§ 8) et en vue d'assurer sur des bases justes, fermes, adaptées aux conditions économiques, l'usufruit (1) de la terre, laquelle demeure inébranlablement en la propriété de l'Etat Ouvrier-Paysan, le Comité Exécutif Central Panrusse dispose :

1. Le Code Agraire de la République Socialiste Fédérative des Soviets de Russie est sanctionné; il

---

1. [Les mots « usufruit », « usufruitier agraire » sont pris dans un sens large et populaire, et non point avec la portée technique que leur donnent en pays latin les traditions du droit romain. Ils désignent les droits de jouissance ou d'utilisation concédés par les autorités soviétiques sur la terre et les bénéficiaires collectifs ou individuels de ces concessions. Ces droits à l'usage ou à l'exploitation du sol ne concordent exactement avec notre droit d'usufruit ni dans leurs éléments constitutifs, ni dans leurs contours et leurs limitations juridiques. Ils se rapprochent à certains égards des droits donnés aux tenanciers du haut moyen-âge français dans les formes les plus humbles et les moins stables de la tenure. Les termes *zemlépolzovanié, zemlépolzovatel* constamment employés par le code agraire, et que nous traduisons, — faute d'équivalent exact en notre langue, — par « usufruit » « usufruitier », expriment avant tout la volonté chez le législateur russe de ne pas laisser transformer en formes bâtardes de la propriété individuelle les modes d'appropriation de la jouissance de la terre qu'il prévoit et réglemente.]

entre en vigueur à partir du 1er décembre 1922 et est étendu à tout le territoire de la R. S. F. S. R.

2. Avec l'introduction du présent Code cesse l'effet des lois correspondantes publiées antérieurement et entrées dans le corps du Code, ainsi que celles qui sont en contradiction avec lui; à cet effet, le Commissariat du Peuple pour la Justice est chargé, conjointement avec le Commissariat du Peuple pour l'Agriculture, de dresser une liste exacte des lois susdites et de la soumettre à la ratification du Bureau du Comité Exécutif Central Panrusse.

3. Les modifications nécessaires aux dispositions du Code Agraire de la R. S. F. S. R. en vue de l'adapter aux conditions spéciales des républiques soviétiques autonomes, ainsi que des régions [*oblasti*] autonomes, seront effectuées par le Bureau du Comité Exécutif Central Panrusse, sur la proposition du Comité Fédéral de l'Agriculture, le 15 février 1923 au plus tard.

4. Les commissariats du peuple pour l'agriculture dans toutes les républiques soviétiques qui font partie de la R. S. F. S. R. sont soumis à l'obligation de recenser d'urgence tous les biens fonciers d'Etat de la R. S. F. S. R. et d'en dresser un inventaire; les listes de [ces] biens fonciers d'Etat doivent être soumises à la ratification du Bureau du Comité Exécutif Central Panrusse le 1er mai 1923 au plus tard.

En même temps tous les commissariats du peuple pour l'agriculture sont chargés de hâter la mise en pratique de l'organisation agraire sur leurs territoires et la délimitation de ceux-ci au cours de la prochaine période d'été.

5. Les organes des commissariats du peuple pour l'intérieur et les commissariats du peuple pour l'agriculture dans toutes les républiques soviétiques qui font partie de la R. S. F. S. R. sont chargés de s'occuper le plus tôt possible de [faire] attribuer la quantité nécessaire de terres aux villes ayant une concentration considérable de prolétariat industriel. Le Conseil des Commissaires du Peuple de la R. S. F. S. R. est chargé d'établir la liste de ces villes sur proposition conjointe des commissariats du peuple susnommés.

6. Les litiges agraires concernant le territoire des républiques et des régions soviétiques autonomes indiquées à l'article 220 du Code Agraire, ainsi que les litiges de délimitation entre elles et les *gouvernements* et régions limitrophes sont tranchés par le Collège Spécial de contrôle suprême pour les litiges agraires, prévu à l'article 220, et complété à cet effet, avec [octroi de] voix délibérative, par deux représentants du Comité Fédéral de l'Agriculture confirmés par le Bureau du Comité Exécutif Central Panrusse.

7. L'ouverture et l'arrêt de l'émigration sur le territoire dés républiques soviétiques autonomes ou de l'émigration de retour ainsi que les conditions et le mode de ces migrations sont établis par le Bureau du Comité Exécutif Central Panrusse sur la proposition du Comité Fédéral de l'Agriculture.

8. Considérant que les questions d'usufruit de la terre et d'organisation agraire sont étroitement liées aux conditions et au mode d'exploitation du fonds

forestier, [le Comité Exécutif Central Panrusse dispose en outre] :

Le Commissariat du Peuple pour l'Agriculture est tenu de rédiger — d'accord avec les départements intéressés — un Code Forestier envisagé comme une suite du Code Agraire, et qui devra être déposé à la prochaine session du Comité Exécutif Central Panrusse, après avoir été envoyé en temps opportun aux centres locaux pour avis. Ce Code devra obligatoirement prévoir des questions comme le mode d'administration des forêts d'intérêt d'Etat [général] et local, ou les règles et conditions d'emploi des surfaces boisées pour une jouissance temporaire ou permanente aux fins d'exploitation agricole.

9. Le Commissariat du Peuple pour l'Agriculture a le droit de publier, pour guider les organes agraires, des règlements, instructions et autres dispositions sur l'application du présent Code ; en ce qui concerne les républiques soviétiques autonomes, ce droit est accordé au Comité Fédéral de l'Agriculture.

Le Président du Comité Exécutif Central Panrusse : M. KALININE.

Le Secrétaire : A. ENOUKIDZÉ.

30 octobre 1922.

Publié dans le *Recueil des Lois*, 1922, n° 67, art. 901.

CODE AGRAIRE DE LA R. S. F. S. R.

(*Recueil des Lois*, 1922, n° 68, art. 901)

DISPOSITIONS FONDAMENTALES

1. En vertu des ordonnances des Congrès Pan-russes des Soviets de Députés des Ouvriers, Paysans et Soldats rouges, fondées sur la volonté révolutionnaire clairement exprimée des ouvriers et des paysans, le droit de propriété privée sur le sol, le sous-sol, les eaux et les forêts sur le territoire de la République Socialiste Fédérative des Soviets de Russie est aboli pour toujours.

2. Toutes les terres [situées] sur le territoire de la R. S. F. S. R., sous quelque administration qu'elles se trouvent, constituent la propriété de l'Etat Ouvrier-Paysan.

3. Toutes les terres de destination agricole, ainsi que celles qui peuvent être utilisées pour la production agricole, constituent un fonds agraire d'Etat unique, géré par le Commissariat du Peuple pour l'Agriculture et par ses organes locaux.

4. Le droit de jouissance directe des terres de destination agricole faisant partie du fonds agraire d'Etat unique, sur les bases établies par la loi, est accordé :

a) Aux travailleurs de la terre et à leurs unions;

b) Aux agglomérations urbaines;

c) Aux établissements et entreprises d'Etat.

Les terres dont les usufruitiers nommés ci-dessus n'ont pas la jouissance directe sont à la disposition du Commissariat du Peuple pour l'Agriculture et peuvent être octroyées par l'Etat, en vertu de dispositions et sur des bases spéciales : à des établissements, à des sociétés, à des organisations, et à des personnes isolées.

5. Toutes les terres restantes au fonds agraire d'Etat unique, après prélèvement de terres octroyées en usufruit direct aux travailleurs de la terre et à leurs unions, aux villes et aux agglomérations [de type urbain, — constituent des terres en la possession directe de l'Etat, et sont des biens fonciers de l'Etat.

6. Le mode et les conditions réglant : [1°] l'exploitation des terres libres (réserves et terres inexploitées) qui sont à la disposition des organes agraires ou des communautés agraires; [2°] également l'ordre à suivre pour donner, sur ces terres libres, de la terre aux divers usufruitiers, — sont établis par des règlements spéciaux, publiés par le Commissariat du Peuple pour l'Agriculture, en tenant compte des particularités des divers rayons.

7. Tous les usufruitiers agraires qui se livrent à l'agriculture, soit sur des terres dont la jouissance appartient à des communautés agraires, soit [sur des terres] octroyées par l'Etat à d'autres usufruitiers [du sol], sont soumis au contrôle général des organes agraires et ont, en ce qui concerne l'exploitation régulière des terres à eux octroyées, des obligations déterminées par le présent Code et par d'autres lois.

8. Les droits et obligations agraires des usufruitiers
[du sol] et de leurs unions sont déterminés par les
lois générales de la R. S. F. S. R., par le présent Code,
par les lois et décisions publiées pour le développer,
et — s'il s'agit de communautés agraires, — également
par leurs statuts ([ou] par leurs décisions [*prigovory* (1)] et par les usages locaux, quand l'application de ceux-ci n'est pas contraire à la loi.

1. [Voir art. 56].

PREMIÈRE PARTIE

DE L'USUFRUIT TRAVAILLEUR

TITRE I

Du droit à la terre d'usufruit travailleur

9. Le droit à la jouissance de la terre pour la conduite d'une économie agricole appartient à tous les citoyens de la R. S. F. R. (sans distinction de sexe, de confession et de nationalité) qui désirent la cultiver par leur travail. Les citoyens qui désirent recevoir la terre en usufruit travailleur sont pourvus de terre soit par les communautés agraires dont ils font partie, soit par les organes agraires, si ceux-ci ont à leur disposition une réserve affectée à l'usufruit travailleur.

Remarque. — Les anciens *pomechtchiks* (1), et les gros propriétaires terriens n'appartenant pas à la noblesse, expulsés, — en vertu de l'ordonnance du Comité Exécutif Central Panrusse et du Conseil des Commissaires du Peuple de l'U. R. S. S. du 20 mars 1925, — des exploitations qui leur appartenaient avant la Révolution d'Octobre, peuvent rece-

1. [Propriétaires nobles.]

voir un *nadiel* [lot] de terre exclusivement sur le fonds
d'émigration, et, de plus, des seuls *gouvernements*
(et autres unités territoriales-administratives correspondantes), dans lesquels ces personnes n'avaient pas
antérieurement de propriété agraire, et à condition
de se conformer, en outre, aux exigences établies
pour les émigrants.

Rédaction de l'ordonnance du V.TS.I.K. du 6 mai 1925 (*Recueil
des Lois*, 1925, n° 29, art. 206).

10. Le droit à la terre peut être exercé par l'u-
usufruitier : *a*) en tant que membre d'une communauté agraire, en se soumettant au mode de jouissance établi par la communauté, ou *b*) à titre indivi-
viduel, sans faire partie d'une communauté agraire.

11. Le droit à la terre octroyée en usufruit travailleur est de durée illimitée et ne peut être suspendu
que pour les motifs indiqués dans la loi.

12. Le droit à la terre d'usufruit travailleur est
reconnu sous les formes suivantes :

a) Droit à un lot de terre en un seul ou en plusieurs lieux (*khoutor* (1), *otroub* (2), *tchérespolosnyé
outchastki* (3);

---

1. [Ce mot, « improprement traduit par « ferme », « métairie », a
désigné primitivement un type petit-russien d'économie rurale,
passé ensuite en Grande Russie. Par opposition au village (*dérev-
nia*), le *khoutor* était un enclos isolé — avec habitation et bâtiments d'exploitation — sur un lot de terre individualisé, consé-
lidé en la propriété ou en la jouissance d'un chef d'économie
(*khoziaïn*) et non soumis au droit communal. Il offrait l'avantage,
en rapprochant le cultivateur de ses terres, de lui faciliter son
travail, et de l'inciter à une meilleure exploitation. Cette fin, déjà
poursuivie par l'*oukaz* du 9 novembre 1906, la loi du 14 juin 1910
et la loi sur l'organisation agraire du 29 mai 1911, est encore

b) Droit à une part de terre du *nadiel* (1) de la communauté agraire;

c) Droit de participation à l'usufruit commun des biens fonciers de la communauté agraire.

13. L'affectation des terres d'usufruit travailleur à des industries et à des [formes de] production non agricoles n'est permise qu'avec l'autorisation des organes agraires de district.

Remarque. — Les terres [ainsi] affectées [à d'autres destinations], selon la procédure du présent article, peuvent être utilisées par les communautés agraires aux fins d'affermage pour des constructions, sur la base de la Remarque 2 sous l'article 71 du Code Civil.

Rédaction de l'ordonnance du V.TS.I.K. et du S.N.K. du 6 juin 1925 (*Recueil des Lois*, 1925, n° 43, art. 311).

14. Le droit à de nouveaux lots de terre d'usufruit travailleur est accordé par les voies suivantes : *a*) attribution de ces lots par les organes agraires; *b*) re-

visée dans le présent code (art. 226). Il faut donc entendre ici, par *khoutor*, un type d'économie paysanne où le lieu d'habitation de l'usufruitier agraire fait partie d'un lot isolé dont les biens fonciers principaux sont d'un seul tenant (art. 99).]

2. [L'*otroub* — littéralement : « découpure », — désignait un type d'économie rurale en forme de lot isolé d'un seul tenant, individualisé, taillé dans le domaine communal. Dans le présent code l'*otroub* signifie un lot de terre octroyé en jouissance, isolé et d'un seul tenant, mais sans habitation, le lieu d'habitation du *dvor* usufruitier restant dans l'agglomération commune (art. 98).]

3. [C'est-à-dire : bandes de terre enchevêtrées. « On entend par enchevêtrement (*tchérespolosnost*) une disposition des possessions où les terres d'un possesseur alternent avec celles d'un autre, en les divisant en bandes distinctes » (*Loi du 29 mai 1911 sur l'organisation agraire, chap. VI, art. 47*). Voir art. 97 du présent Code.]

1. [Partie des propriétés foncières de la noblesse attribuées en 1861 aux paysans.]

mise de terre par les communautés agraires, et c) occupation travailleuse de la terre.

15. L'attribution de terre par les organes agraires s'effectue selon les règles de l'organisation agraire (IIIe Partie). La remise de terre par les communautés s'effectue selon les règles du statut agraire de la communauté ou d'après la décision de celle-ci.

16. Est considéré comme occupation travailleuse [de la terre] le fait d'appliquer son travail personnel à une terre libre (dont personne n'a l'usufruit, qui n'est destinée à personne, et qui est à la disposition directe de l'Etat) en vue d'une exploitation permanente pour les besoins d'une production agricole.

Remarque. — Les règles qui président à ces occupations et les rayons dans lesquels il est permis de les organiser sont établis par une instruction spéciale du Commissariat du Peuple pour l'Agriculture.

17. Dans le cas où des membres d'une économie [agricole] partent au service militaire, répondent à un appel de mobilisation ou sont élus à des fonctions soviétiques ou publiques, la part de terre qui leur revient est conservée à l'économie pour tout le temps de service de ses membres [absents]. Si un membre [la] quitte pour un travail salarié, la part qui lui revient reste acquise à l'économie au personnel de laquelle il appartient — pour une période de deux assolements, et, à défaut d'assolement régulier, — pour une période de six ans, à partir du moment du départ; à son retour à l'économie, après cette période, il reçoit un *nadiel* de terre prise sur la réserve agraire, si celle-ci existe; si elle fait défaut, [il est

pourvu] au même titre que les autres membres de la communauté agraire à la première répartition de terre à venir.

Rédaction de l'ordonnance du V.TS.I.K. du 29 mars 1923 (*Recueil des Lois*, 1923, n° 26, art. 304).

18. Le droit sur la terre octroyée à l'usufruitier travailleur prend fin dans les cas suivants :

a) Renonciation volontaire de tous les membres du *dvor* (1) à la terre;

b) Arrêt complet par le *dvor* de l'exploitation autonome;

c) Extinction du *dvor* ;

d) Son émigration définitive dans un autre lieu avec cessation de l'exploitation autonome au lieu antérieur;

e) Privation des droits à l'usufruit de la terre en vertu d'un jugement, pour délits indiqués dans la loi;

f) Occupation de la terre, en la procédure établie, pour des nécessités d'Etat et publiques (voies de communication, exploitation de minéraux précieux, etc.).

Remarque. — Dans le cas prévu aux paragr. *d*) du présent article, les émigrants conservent le droit à un lot de terre au lieu antérieur pour une durée pouvant atteindre deux années, à compter du moment de la mutation, et, — dans des cas isolés, sur l'autorisation du Commissariat du Peuple pour l'A-

[1. Pour l'explication de ce terme, voir Titre V, chap. I, p. 93.]

griculture, — trois années. Ce droit s'étend également aux économies des colons, s'il leur est attribué des lots sur des terres qui exigent un redressement, un assèchement et autres travaux d'amélioration agricole.

Rédaction de l'ordonnance du V.TS.I.K. et du S.N.K. du 21 avril 1925 (*Recueil des Lois*, 1925, n° 27, art. 191 et n° 29, art. 207).

19. La renonciation volontaire au droit à la terre s'effectue par accord de tous les membres du *dvor*, par le moyen d'une déclaration adressée à la communauté agraire où se trouve l'exploitation, ou à l'organe agraire local, si la terre est l'objet d'un usufruit distinct de [celui de] la communauté.

20. Est réputée arrêt de l'exploitation la non-utilisation effective de la terre par l'usufruitier pour les besoins économiques de celui-ci, sans raisons plausibles, pendant trois années consécutives au moins; l'extinction du droit à la terre pour cette raison est établie par les commissions agraires.

21. Est réputé émigration le changement de domicile de l'usufruitier, lorsqu'il lui est fait, en forme spéciale, attribution de terre dans un lieu nouveau, et que l'exploitation au lieu antérieur prend fin.

22. Le retrait de terre, lors de l'organisation agraire, ainsi que pour l'amendement, la construction de routes ou autres nécessités d'Etat ou publiques, a lieu d'après des règles spéciales (IIIe Partie).

23. Si la terre d'usufruit travailleur, enlevée, en la forme établie, pour des nécessités d'Etat ou publi-

ques, l'est en totalité, ou pour une partie sans laquelle l'exploitation ultérieure de la terre restante devient économiquement difficile ou perd sa raison d'être, il est fait attribution compensatoire de terre en un autre lieu, et l'usufruitier est indemnisé de ses dommages.

24. En vertu des lois en vigueur, l'usufruitier agraire a le droit, sur son lot [*nadiel*] de terre :

a) De mener l'exploitation de la terre de la manière choisie par lui à sa convenance, sous réserve des restrictions indiquées ci-dessous;

b) D'y édifier, aménager et utiliser des bâtiments et des constructions [installations] pour les besoins de l'exploitation et de l'habitation. L'usufruitier n'a pas le droit de se livrer sur son lot de terre à des actes et d'aménager des installations qui porteraient atteinte aux intérêts essentiels des usufruitiers voisins.

25. Toutes les installations, constructions, semailles et plantes et, d'une manière générale, tout ce qui fait corps avec la portion de terre dont l'usufruitier a la jouissance, appartiennent à celui-ci.

26. Dans le cas d'atteinte aux droits agraires tant des communautés agraires que des usufruitiers individuels, ou d'immixtion illégale dans leurs exploitations, la commission agraire est tenue, à la requête de l'usufruitier, de réparer l'atteinte [portée] à la jouissance ou à l'exploitation, en attendant que le litige sur le droit lésé ait été tranché au fond.

27. L'achat, la vente, la promesse de vente, la donation par testament, la donation [entre vifs], ainsi que le nantissement de la terre sont interdits, et les

actes passés en violation de cette interdiction sont réputés nuls; les personnes coupables de les avoir passés sont, en plus des sanctions pénales, privées de la terre dont elles avaient la jouissance.

TITRE II

De l'affermage travailleur de la terre

(Rétrocession temporaire du droit à la terre d'usufruit travailleur)

28. Pour les économies travailleuses, temporairement affaiblies par suite de fléaux de la nature (mauvaise récolte, incendie, épizootie, etc.) ou d'un manque de cheptel ou de force ouvrière, ainsi que de la diminution de celle-ci pour cause de décès, d'appels de mobilisation, de service dans les soviets et [de service] public, d'éloignement temporaire de l'économie pour des travaux salariés, d'émigration, etc., l'affermage de la terre ou d'une portion de la terre contre paiement en argent ou en nature est autorisé, sous réserve de l'observation des conditions énoncées dans les articles ci-dessous.

Rédaction du V.TS.I.K. et du S.N.K. du 21 avril (*Recueil des Lois*, 1925, n° 27, art. 191 et n° 29, art. 207).

29. L'affermage est autorisé pour une durée qui ne peut excéder le temps nécessaire pour faire sur le lot affermé un assolement (assolement triennal

[simple] — trois ans; assolement quadriennal — quatre ans, etc.), et, en l'absence d'assolement régulier — pour une durée qui ne peut dépasser trois ans.

30. Dans des cas exceptionnels la durée-limite de l'affermage peut être prolongée, avec l'autorisation des comités exécutifs de *volost*, mais pas au delà de deux assolements réduits, et, en l'absence d'assolement régulier, — pour six ans au plus; et si, à l'expiration de ces délais, le bailleur n'apparaît pas en état de mener personnellement l'exploitation sur la terre affermée, la permission ultérieure d'affermer la terre ne peut être obtenue qu'avec les autorisations des organes agraires de district; dans le cas contraire, la terre passe au fonds de réserve local pour satisfaire aux besoins de terre d'autres membres de la communauté donnée.

31. L'affermage travailleur est le seul autorisé : nul ne peut, par contrat d'affermage, recevoir en jouissance propre une quantité de terre plus grande que celle qu'il est en état de cultiver, en plus de son lot, avec les forces de son économie.

32. Le contrat d'affermage ou les accords contractuels complémentaires entrent en vigueur après leur enregistrement par le comité exécutif de *volost* du lieu, s'il est affermé plus de la moitié de la terre du cédant, et par le soviet de village local, si l'affermage porte sur une quantité inférieure. Le refus d'enregistrer ne peut se produire qu'au cas où les conditions du contrat seraient contraires à la loi.

33. Le contrat d'affermage peut être conclu soit par écrit, soit verbalement : le contenu du contrat verbal doit être exposé par les parties devant un

membre du comité exécutif de *volost* ou du soviet de village, et porté sur le registre spécial des contrats.

Remarque. — Aux directions agraires de district, ou aux organes agraires qui leur correspondent, incombe l'obligation d'élaborer des contrats-types d'affermage, en vue de sauvegarder les intérêts des économies qui n'ont pas de moyens de défense (1), et de prévenir des contrats de servitude.

Rédaction de l'ordonnauce du V.TS.I.K. du 29 mars 1923 (*Recueil des Lois*, n° 26, art. 304).

34. L'affermage n'est pas autorisé, si le *dvor* qui afferme la terre cesse complètement l'exploitation autonome par suite d'émigration définitive ou de passage [définitif] à d'autres occupations.

35. Par le contrat d'affermage, le preneur à bail s'engage à mener l'exploitation sur la terre affermée en maître zélé et vigilant, et n'a pas le droit de rétrocéder de son chef la terre à d'autres personnes. En outre, les taxes, impôts et redevances qui frappent l'économie agricole du bailleur sont payés par le preneur à bail pendant la durée de l'affermage, pour la part correspondante à la quantité de terre reçue par lui en fermage.

Remarque. — Le contrat doit obligatoirement spécifier tant les améliorations que le preneur à bail est tenu d'effectuer, que les conditions et les modes de règlement avec le bailleur au cas d'incomplète utilisation économique de ces améliorations.

1. [A cause de leur pauvreté et de leur inexpérience.]

36. A la requête du bailleur ou des organes agraires, le contrat d'affermage peut être résilié par anticipation, dans le cas où le preneur à bail violerait les conditions imposées dans l'article précédent ou n'exécuterait pas les clauses du contrat d'affermage. La résiliation du contrat dans de tels cas et l'établissement des suites matérielles qui en découlent pour le bailleur et pour le preneur à bail se font selon la procédure de solution des litiges agraires.

37. A l'expiration de la période d'affermage, le lot de terre revient au bailleur avec toutes les améliorations effectuées par le preneur à bail et qui ne peuvent être séparées de la terre sans dommage pour la valeur économique du lot; les [règlements de] comptes mutuels d'affermage, y compris ceux d'améliorations inutilisées, se font sur la base du contrat ou des accords contractuels complémentaires.

38. La surveillance de l'application régulière des conditions et des règles d'affermage ainsi que l'examen de tous litiges se rapportant à l'observation des contrats d'affermage sont confiés aux commissions agraires, qui appliquent la procédure d'examen des litiges agraires; quant à la résiliation de contrats ayant un caractère de servitude, elle est effectuée en vertu d'un jugement.

TITRE III

Du travail auxiliaire à gages dans les économies agricoles travailleuses

39. Dans les cas où une économie agricole travailleuse, en raison de l'état de sa force ouvrière ou de son cheptel [bétail et instruments aratoires], ne peut exécuter en temps voulu les travaux agricoles nécessaires, l'emploi du travail à gages est autorisé.

40. Le travail à gages ne peut être autorisé qu'avec le maintien absolu par l'économie qui l'emploie de son ordre travailleur, c'est-à-dire à la condition que les membres de l'économie présents et capables de travailler prennent part, au même titre que les ouvriers loués, au travail de l'économie.

41. Le travail à gages n'est autorisé qu'à la condition que soient observées, dans tous les cas de son emploi, les lois et dispositions concernant la protection et les normes du travail dans l'agriculture.

Remarque. — Les règles de surveillance et de contrôle de l'emploi du travail à gages dans les économies agricoles travailleuses sont établies par le Commissariat du Peuple pour le Travail, d'accord avec le Commissariat du Peuple pour l'Agriculture et le Conseil Central Panrusse des Syndicats Professionnels.

TITRE IV

De la communauté agraire

(Communauté d'usufruitiers agraires)

CHAPITRE I

Composition de la communauté agraire

42. Outre les communautés agraires existantes, sont réputées telles : les *communes* (1) et les *artels* agricoles, ainsi que les libres unions de *dvors* isolés ou l'ensemble de *dvors* qui se sont détachés de communautés antérieures.

Remarque 1. — La communauté agraire peut ne pas cadrer avec les limites de l'unité rurale administrative.

Remarque 2. — Les collectivités agricoles ne sont considérées comme communauté agraire que si elles

---

1. [Au sens communiste. Dans l'esprit des législateurs soviétiques d'après le *Règlement sur l'organisation agraire socialiste* (14 février 1919) faisant suite au décret du 26 octobre 1917, et la *Loi sur la socialisation de la terre* (19 février 1918), la « commune agricole » devait être la forme la plus complète d'exploitation agricole à base purement socialiste. Cette union volontaire de travailleurs doit, est-il dit dans les statuts normaux, « servir de modèle d'égalité fraternelle de tous les hommes dans le travail et dans la jouissance de ce travail. Ceux qui font partie de la commune lui cèdent leur propriété individuelle, tant en espèces qu'en outils de travail, bétail, et, en général, tous les biens nécessaires à la marche de l'exploitation communiste ». Le Code Agraire de la R. S. F. S. R. semble avoir restreint l'ampleur du rôle dévolu à la « commune agricole » (voir ci-dessous, TITRE VI, chap. V) et transféré à la communauté agraire et à l'« exploitation soviétique » (2ᵉ Partie, Titre II, chap. II) sa fonction d'éducation agricole et sociale]

ne comptent pas moins de quinze travailleurs de la terre adultes.

43. Un ensemble de *dvors* ayant en commun la jouissance de terres arables ne compte en tout cas que pour une communauté agraire.

Remarque. — Les parties de villages ayant un usufruit de terres arables distinct [de celui] d'autres parties des mêmes villages comptent pour une communauté agraire indépendante.

44. Si les biens fonciers auxiliaires (prairies, pâturages, etc.) sont l'usufruit d'un ensemble de *dvors* qui, de par leurs terres arables, font partie de différentes communautés agraires, cet ensemble de *dvors* compte, en ce qui concerne les biens fonciers communs, pour une communauté agraire distincte.

45. Plusieurs communautés agraires peuvent, par accord mutuel, s'unir en une communauté agraire unique, de même que se grouper en unions de communautés, en vue de mettre en commun des parties séparées de l'usufruit agraire, ou de réaliser ensemble des tâches agricoles déterminées.

46. De nouveaux *dvors* sans terre, [venus] du dehors, ne peuvent entrer dans une communauté avec droit à l'usufruit des terres de la communauté qu'avec son contentement; mais dans les communautés reconnues — en la forme établie — comme ayant des excédents de terres, l'incorporation de nouveaux *dvors* dans la communauté est autorisée par décision des organes agraires.

47. Sont réputées membres d'une communauté agraire toutes les personnes — sans distinction de sexe et d'âge — faisant partie des *dvors* qui for-

ment la communauté, ainsi que les membres des collectivités (*communes* et *artels*); sont considérées comme membres de la dite communauté jouissant de la plénitude de leurs droits — sans distinction de sexe — celles de ces personnes qui ont atteint l'âge de dix-huit ans, ainsi que les chefs de maison menant eux-mêmes une économie, même s'ils sont d'un âge inférieur.

48. Le mode de jouissance des différents biens fonciers agraires dans une communauté agraire et les règles concernant toutes les affaires agraires et agricoles de la société sont déterminés par le statut de la communauté ou par les décisions (*prigovory*), requises, sous réserve d'observation de ce qu'exige la loi.

49. Chaque communauté agraire nouvellement formée commence d'exister à partir de son enregistrement. Les communautés agraires existantes et tous changements qui y sont apportés doivent être enregistrés dans les formes établies.

Remarque. — Les délais et règles d'enregistrement sont établis par le Commissariat du Peuple pour l'Agriculture.

CHAPITRE II

Organes d'administration des communautés agraires

50. Les affaires de la communauté agraire, comme telle, sont gérées : par l'assemblée générale de ses membres jouissant de la plénitude de leurs droits (*skhod*), ainsi que par ses organes élus.

Remarque. — Dans les communautés agraires dont les limites coïncident avec [celles du] territoire du soviet de village, les obligations qui incombent aux organes élus de la communauté agraire sont remplies par le soviet de village; dans les autres communautés — par des mandataires spéciaux pour les affaires agraires, élus par l'assemblée générale des membres de la communauté.

51. L'assemblée générale (*skhod*) tranche toutes les questions qui concernent la communauté en son ensemble, à savoir :

a) Elle établit et modifie le mode de jouissance des différents biens fonciers dans la communauté;

b) Elle élabore un statut agraire, et, en cas de besoin, y introduit des changements et additions;

c) Elle statue sur les demandes d'admission dans la communauté de nouveaux usufruitiers agraires du dehors, et de sortie de la communauté avec [conservation de] la terre;

d) Elle statue sur l'exécution [des actes] d'organisation agraire, sur le passage au régime des lots élargis (1), des *otrouba* et des *khoutora*, sur le partage de la terre entre les parties de la communauté, etc. ;

e) Elle procède à des réallotissements et répartitions conformément au mode établi de jouissance de la terre;

f) Dans le mode de jouissance de la terre par lots enchevêtrés, elle tranche les questions d'assolement commun, de pâture commune pour le bétail, etc.;

g) Elle dispose des biens fonciers [qui sont] en

1. [C'est-à-dire à une sorte de remembrement de la terre.]

jouissance commune et des parcelles libres de terre;

h) Elle élit les délégués [munis de pouvoirs] (conformément à la remarque sous l'article précédent) et établit le mode du contrôle à leur appliquer.

52. A l'assemblée générale ou *skhod* (art. 54) prennent part tous les usufruitiers de la terre, de sexe masculin ou féminin indistinctement, âgés d'au moins dix-huit ans, [et] faisant partie de la communauté agraire, ainsi que les chefs de maison menant des exploitations, même s'ils sont d'âge inférieur [à dix-huit ans].

53. L'assemblée générale (*skhod*) est réputée légale, quand le nombre des chefs de maison ou de leurs représentants présents égale au moins la moitié [du nombre] des *dvors* faisant partie de la communauté; pour les affaires qui concernent l'établissement ou le changement du mode de jouissance de la terre, l'assemblée générale (*skhod*) est réputée légale, si le nombre des représentants présents égale les deux tiers au moins des *dvors* et la moitié au moins des membres de la communauté jouissant de la plénitude de leurs droits. Dans les communautés composées d'usufruitiers non groupés en *dvors* séparés (*communes* et *artels*), il faut, pour que l'assemblée (*skhod*) soit légale, la présence de la moitié — dans le premier cas, des deux tiers — dans le second, des usufruitiers présents jouissant de la plénitude de leurs droits.

54. Les affaires concernant l'établissement ou le changement du mode de jouissance de la terre sont tranchées dans l'assemblée générale à la majorité des deux tiers des voix des membres présents, les autres

[affaires] — à la simple majorité des voix. Chaque membre de l'assemblée (*skhod*) ne dispose que d'une voix.

55. Pour trancher les affaires agraires, l'assemblée générale, ainsi que les autres organes de la communauté agraire, se guident sur le présent Code et les autres lois en vigueur ainsi que sur le statut adopté ou sur les décisions de la communauté, et sur les usages locaux, si ces derniers ne sont pas contraires à la loi.

Remarque. —· La charge de veiller à l'application régulière des lois par la communauté agraire incombe au comité exécutif de *volost*.

56. Chaque décision de l'assemblée générale doit être portée sur un procès-verbal (*prigovor*) (1) dans lequel sont spécifiés : la date et le lieu de sa rédaction, le nombre des membres de l'assemblée qui l'acceptent ou ne l'acceptent pas, et les autres circonstances essentielles de l'affaire. Le procès-verbal (*prigovor*) ne reçoit force [exécutive] qu'après avoir été signé par le président et le secrétaire de l'assemblée, ainsi que par la majorité des usufruitiers présents à l'assemblée.

57. La communauté agraire est responsable envers l'Etat de l'exploitation régulière et judicieuse des biens fonciers agraires dont elle a la jouissance.

---

1. [Dans le présent code, ce mot s'applique en général au contenu, à la décision formulée ou consignée dans le procès-verbal.]

CHAPITRE III

Droits et obligations des communautés agraires

58. Chaque communauté agraire a le droit de maintenir [le mode existant], ou, en vertu d'une décision de la majorité de ses membres jouissant de la plénitude de leurs droits (en la forme des art. 53-54); de choisir tel[autre] mode qui lui plaît de jouissance de la terre.

59. Le droit de choisir librement les modes de jouissance de la terre s'étend aussi aux collectivités agricoles formées sur les anciennes terres paysannes emphytéotiques [de *nadiel*] ou achetées [en propriété munie de titre d'achat], ainsi que sur les terres des anciens possesseurs, si celles-ci ont été réparties en usufruit travailleur entre la population en vertu des décisions des organes agraires ou des congrès de soviets. Les membres de ces collectivités agricoles, qui les quittent, en gardant la terre, demeurent soumis à l'obligation de restituer la part qui leur incombe dans l'avance en argent ou en nature reçue de l'Etat par la collectivité.

Remarque. — Les conditions et le mode de cessation des collectivités agricoles formées sur des terres non réparties en usufruit travailleur entre la population lors de la formation de la [dite] collectivité (terres des exploitations soviétiques, des agglomérations urbaines, terres d'Etat, attribuées à divers établissements, [diverses] organisations et entreprises) sont fixés par des règles spéciales.

60. Si l'usufruitier de la terre, sans raison plausible, laisse la terre inexploitée économiquement ou la cède à bail en violation de la loi, la communauté agraire peut le priver temporairement du droit d'usufruit sur cette terre pour une durée d'un assolement au plus, ou, en l'absence d'assolement régulier, pour une durée de trois ans au plus. Les litiges qui naissent à ce propos sont instruits, sur les plaintes des usufruitiers de la terre intéressés, par les commissions agraires.

Rédaction de l'ordonnance du V. TS. I. K. du 29 mars 1923 (*Recueil des Lois*, 1923, n° 26, art. 304).

61. Les usufruitiers de la terre qui pratiquent une exploitation déprédatrice propre à épuiser la terre (qui, en particulier, dans l'attente de réallotissements agraires, évitent sciemment de mettre dans le sol l'engrais dont ils disposent) peuvent, à la requête de la communauté agraire ou sur l'initiative des organes agraires, être privés de ces terres pour une durée d'un assolement au plus, et, en l'absence d'assolement réguliers — pour trois ans au plus, sans remplacement [possible] de ces terres par d'autres; la procédure est celle qui est établie pour l'examen des litiges agraires.

Rédaction de l'ordonnance du V. TS. I. K. du 29 mars 1923 (*Recueil des Lois*, 1923, n° 26, art. 304).

62. Les lots et parcelles de terre des membres de la communauté, [vacants] après décès, [ou] retirés [aux usufruitiers] dans les cas indiqués au présent Code, ou restant [libres] après [le départ] de person-

nes ayant renoncé à leur *nadiel* ou en ayant été privées par décision de justice, passent à la disposition de la communauté agraire.

63. Les biens fonciers de jouissance commune (non soumise à répartition) qui sont dans la communauté agraire, [tels que] : pâturages, chemins y conduisant, eaux, terres non utilisables, etc., sont à la disposition directe de la communauté.

64. La communauté agraire peut acquérir un bien en son nom, passer des contrats, être demanderesse et défenderesse en justice, et engager des démarches auprès d'autres institutions [ou établissements].

TITRE V

Du dvor (économie agricole travailleuse)

CHAPITRE I

Composition du dvor

65. Le *dvor* est un groupement travailleur familial de personnes se livrant ensemble à l'agriculture. Le *dvor* peut se composer même d'une seule personne sans famille (sans distinction de sexe).

66. Sont comptées comme membres du *dvor* toutes les personnes présentes qui en font partie (y compris les mineurs et les personnes avancées en âge), ainsi que ceux qui [en] sont partis temporairement pour des travaux salariés, et qui n'en sont pas sortis par la voie légale. Le contingent du *dvor* s'accroît en cas

de mariage et d'adoption de membres nouveaux dans le *dvor* (*primatchestvo*), et diminue avec le départ des membres ou avec leur décès.

Remarque. — Les personnes qui entrent dans le contingent du *dvor* par suite de mariage, ou d'adoption, acquièrent le droit à la jouissance de la terre et de l'avoir mobilier de jouissance commune en tant que membres du *dvor* en question, conformément au droit commun; ils perdent [en même temps] le droit à la jouissance de la terre dans un autre *dvor*.

67. Le droit à la terre qui est en la jouissance travailleuse d'un *dvor* (économie), ainsi qu'aux constructions et au cheptel agricole, appartient à l'ensemble de tous les membres du *dvor*, indépendamment du sexe et de l'âge.

68. Le chef de maison (homme ou femme) est considéré comme le représentant du *dvor* pour toutes les affaires économiques de celui-ci.

69. Au cas où l'économie du *dvor* serait conduite avec une négligence qui le mène à la ruine, le chef de maison peut, — par décision du comité exécutif de *volost* sur la demande des membres du *dvor*, et sur les conclusions du soviet de village, — être remplacé par une autre personne prise dans le même *dvor*.

70. Si le *dvor* ne comprend plus que des membres non-majeurs, le soviet de village leur désigne un tuteur sur la base de la loi de tutelle.

71. L'avoir mobilier du *dvor* ne peut être affecté au paiement des dettes des membres individuels du

dvor (y compris le chef de maison) contractées par eux pour leurs besoins personnels.

72. Chaque *dvor* et chaque changement survenu dans sa composition sont enregistrés par le soviet de village dans des rôles établis par *dvors*, avec indication nominative de tous les membres du *dvor* et de son chef de maison. Les plaintes en refus d'enregistrement peuvent être soumises dans un délai de quatorze jours à la commission agraire de *volost*.

CHAPITRE II

Partages des économies travailleuses (dvors)

73. Le partage d'une économie agricole travailleuse (*dvor*) consiste à répartir en jouissance individuelle entre les membres du *dvor* (indépendamment du sexe et de l'âge) les biens fonciers et l'avoir immobilier qui se trouvent en la jouissance commune de tout le *dvor*.

74. Le partage des biens fonciers du *dvor* n'est autorisé que dans le but, — et à la condition que ce soit possible, — de former, avec les membres du *dvor* qui s'en détacheraient, de nouvelles économies agricoles sur les terres qui leur seraient attribuées en partage; dans les autres cas, il ne peut y avoir que répartition de l'avoir mobilier du *dvor*.

75. Les personnes qui n'ont pas atteint l'âge de dix-huit ans n'ont pas le droit de réclamer le partage du *dvor*, non plus que les personnes n'ayant pas participé par leur travail ou leurs ressources à

la conduite de l'économie commune du *dvor* pendant plus de deux assolements consécutifs, ou — en l'absence d'assolement régulier — pendant plus de six années [consécutives].

Remarque. — L'effet du présent article ne s'étend pas aux cas où la non-participation à l'exploitation a eu pour cause l'appel au service militaire, les mobilisations, le service public électoral, la maladie, ou le séjour dans des établissements d'instruction.

Rédaction de l'ordonnance du V. TS. I. K. du 29 mars 1923 (*Recueil des Lois*, 1923, n° 26, art. 304).

76. Le partage des terres et de l'avoir mobilier s'effectue en nature; toutefois, en ce qui concerne l'avoir mobilier (mais non la terre), les remplacements de certains objets par d'autres sont autorisés ainsi que les paiements en argent ou en produits, proportionnellement aux fractions dues.

77. L'avoir mobilier en jouissance commune est seul soumis au partage, et à la requête de membres du *dvor* pris individuellement; l'avoir (1) qu'ils ont en jouissance personnelle en est exclu, s'il est prouvé par eux qu'il est acquis sur leurs ressources personnelles, ainsi que l'avoir qui est reconnu, à raison des usages locaux, appartenance personnelle de membres du *dvor* pris individuellement.

78. A chaque partage, les copartageants présentent au comité exécutif de *volost*, à fin d'enregistrement, un acte de partage qui doit énoncer :

a) A quel moment et entre quels membres du *dvor* a eu lieu l'accord de partage;

1. [Entendre désormais : avoir mobilier.]

b) Quels lots de terre (nature, superficie et situation) et en quels lieux entrent dans le partage et comment ils sont répartis entre les participants à l'accord;

c) Quel avoir entre dans le partage et comment il est réparti;

d) Le délai et le mode d'exécution du partage;

e) Les autres [clauses et] conditions, non contraires à la loi, que les participants à l'accord croient devoir établir;

f) Les signatures des participants à l'accord.

79. Le comité exécutif de *volost* ne peut refuser d'enregistrer l'acte de partage que dans le cas où les conditions du partage sont contraires à la loi. La plainte en refus d'enregistrement peut être portée dans un délai de quatorze jours devant la commission agraire de district.

80. Au cas où un accord sur le partage du *dvor* n'interviendrait pas entre les copartageants, la demande de partage est acheminée vers la commission agraire de *volost*; en ce cas, l'enregistrement du partage n'est effectué par le comité exécutif de *volost* qu'après la solution définitive de l'affaire dans les commissions agraires et après l'entrée en vigueur légale de leurs décisions.

81. Si, conjointement avec le partage des terres du *dvor*, le partage de son avoir est également demandé, les litiges relatifs à ces sortes de partages ressortissent entièrement à la juridiction des commissions agraires; quant aux litiges relatifs au partage de l'avoir seulement sans la terre, ils sont tranchés par le Tribunal Populaire.

82. Lors de l'examen des litiges relatifs aux partages de la terre des économies travailleuses, les commissions agraires de *volost* recherchent avant tout s'il est possible d'établir les membres de l'économie, qui désirent sortir de la communauté, sur les terres inexploitées qui sont à la disposition de la communauté agraire et des organes agraires locaux; et c'est seulement après qu'a été reconnue l'impossibilité de cet établissement que le partage des biens agraires de l'économie peut avoir lieu.

83. Le nouveau *dvor* qui se forme par le moyen du partage a le droit de demander à la communauté agraire l'attribution, sur la réserve libre de terres, d'un lot pour y édifier des locaux d'habitation et d'exploitation, s'il ne lui a pas été attribué une part suffisante sur le lot d'enclos [*ousadba*] (1) du *dvor* précédent.

84. Lors des partages de terres dans les communautés placées sous le régime de la jouissance collective, les parts de terre à attribuer aux membres copartageants du *dvor* sont fixées proportionnellement aux unités de répartition; dans tous les autres cas, — conformément à l'usage régnant, pour autant qu'il n'est pas contraire à la loi. De plus, dans tous les cas de partage, les membres de sexe masculin et féminin du *dvor* ont des droits égaux.

Remarque. — Pour donner des directives uniformes aux commissions agraires, les comités exécutifs de *gouvernement* ont le droit d'édicter, sur les propositions des administrations agraires de *gou-*

1. [Cet « enclos » comprend l'izba, l'étuve, le potager, les bâtiments d'exploitation.]

vernement et avec l'approbation du Commissariat du Peuple pour l'Agriculture, les règlements voulus pour les partages des *dvors*, conformément aux conditions locales.

CHAPITRE III

Mesures contre le morcellement des économies (dvors)

85. En vue de prévenir des partages qui détruisent les économies constituées, en les morcelant en éléments trop menus et en les affaiblissant à l'excès, les comités exécutifs de *gouvernement*, sur les propositions des directions agraires de *gouvernement* approuvées par le Commissariat du Peuple pour l'Agriculture, ont le droit d'édicter des dispositions obligatoires sur la limitation du morcellement des économies dans les partages; toutefois, les limites elles-mêmes de divisibilité (1) sont établies préalablement par le Commissariat du Peuple pour l'Agriculture.

86. Les limites de divisibilité établies sont obligatoires pour toutes les économies constituées en *khou-thora* et *otrouba*, dont le partage en fractions inférieures aux normes établies est interdit; pour les économies qui se trouvent dans des communautés agraires vivant sous le régime de la jouissance collective de la terre ou de la jouissance parcellaire par lots enchevêtrés, l'indivisibilité peut être établie soit par la communauté tout entière, soit encore par les

---

1 [Lettre du texte : « les normes d'indivisibilité », de non-morcellement.]

dvors séparés y donnant leur libre consentement, sous réserve de l'observation des conditions indiquées dans les articles précédents.

87. La déclaration volontaire d'économies comme indivisibles est faite : pour la communauté entière — en vertu d'une décision prise à cet effet par les deux tiers des membres de la communauté, jouissant de la plénitude de leurs droits, avec fixation obligatoire de la période la plus courte possible d'indivisibilité (pas moins d'un assolement, et — en l'absence de celui-ci, — pas moins de trois ans); pour les *dvors* séparés — avec le consentement de tous les membres jouissant de la plénitude de leurs droits. L'accord intervenu entre en vigueur après son enregistrement en la forme établie par le comité exécutif de *volost.* Dans les communautés à forme collective de jouissance de la terre, l'accord relatif à l'indivisibilité des économies n'empêche pas la communauté de procéder à des réallotissements des terres ni de modifier en outre les proportions des lots agraires des économies (*dvors*) non divisibles.

Rédaction de l'ordonnance du V. TS. I. K. du 29 mars 1923 (*Recueil des Lois*, 1923, n° 26, art. 304).

88. Lorsqu'il sort d'une économie déclarée indivisible, le membre sortant de l'économie a le droit de demander le paiement en argent ou en nature de la part d'avoir (mais non de la terre) qui lui revient. A défaut d'un accord, le montant des paiements est fixé par les commissions agraires, mais sans pouvoir dépasser un tiers de la valeur de l'outillage global d'exploitation du *dvor*; en outre, sur la de-

mande du *dvor* restant, les paiements en argent et
en approvisionnements peuvent être échelonnés sur
une période de cinq ans au plus, sans qu'il soit dû
d'intérêts quelconques pour cet échelonnement.

89. Les partages d'économies qui n'ont pas été
enregistrés en la forme établie dans le comité exécutif
de *volost* n'ont pas de force légale; en pareil cas, les
dvors qui ont partagé leurs terres et leur avoir continuent de compter comme unités, tant pour l'organisation agraire et les réallotissements què pour le
recouvrement de tous impôts, taxes et redevances
qui sont à la charge de l'économie.

TITRE VI

Des modes de l'usufruit travailleur de la terre

CHAPITRE I

Dispositions générales

90. Le mode de jouissance de la terre dans la
communauté agraire peut être :

a) Collectif (avec repartages égalitaires de la terre
entre les *dvors*);

b) Parcellaire [par lots] (avec délimitation fixe
du droit du *dvor* à la terre, en forme de lots enchevêtrés, [de lots] à *otroub* ou [de lots] à *khoutor*);

c) L'association (avec jouissance collective de la
terre pour les membres de la communauté, qui constituent [alors] une *commune*, [ou] une *artel*, ou une

association agricole pour la culture du sol en commun).

Remarque. — Pour les différents biens fonciers, la communauté agraire peut établir des modes différents de jouissance (formes mixtes de jouissance de la terre), mais le mode tenu pour fondamental est celui qui est établi pour les principaux biens d'exploitation.

91. Quand une communauté agraire passe d'un mode de jouissance de la terre à un autre, les membres de la communauté non consentants à ce passage peuvent garder le mode antérieur, après avoir fait le partage et l'attribution [*vydiel*] des terres qui leur appartiennent en [domaines d']un seul tenant, conformément aux règles sur les partages et attributions de terres.

CHAPITRE II

Mode collectif de jouissance de la terre

92. Dans le mode collectif de jouissance de la terre, chaque *dvor* faisant partie de la communauté a droit à une portion de terre sur le lot [*nadiel*] de la communauté; cette portion peut être modifiée en vue de la péréquation de la terre entre les membres de la communauté.

93. La péréquation de la terre dans les communautés à forme collective de jouissance de la terre s'opère par le moyen de repartages agraires généraux, ou de retrait, ou d'attribution [compensatoire] de lots de terre, entre les différents *dvors*.

Remarque. — Les retraits et les attributions [compensatoires] de lots de la terre, dans le cas où les économies qu'ils intéressent n'y consentent pas, ne peuvent avoir lieu qu'une fois par période d'assolement, et, de plus, uniquement avant le commencement de l'assolement.

94. Les règles générales de la péréquation de la terre, doivent, en conformité avec la loi, être indiquées par la communauté dans son statut agraire ([ou] dans une décision), lesquels doivent spécifier :

a) Les biens compris dans la communauté (terres arables, [terres] à fourrage, etc.) qui peuvent être repartagées;

b) Les unités d'après lesquelles (par [tête de] consommateur, par [unité de] force ouvrière, etc.) sont fixées les parts des différents biens fonciers, et sous quelles formes (par surface de terre, par récolte, etc.);

c) Le temps au bout duquel ont lieu les réallotissements;

d) La manière dont sont exploités les biens fonciers laissés en jouissance commune.

95. Les unités de répartition par *gouvernement* ou par rayons séparés de *gouvernement* peuvent, conformément aux conditions locales et aux systèmes d'exploitation, être établies par les comités exécutifs de *gouvernement* sur les propositions des directions agraires de *gouvernement* et avec l'approbation du Commissariat du Peuple pour l'Agriculture. Jusqu'à la publication de ces dispositions, l'unité de répartition lors de la péréquation des terres est établie par la communauté agraire elle-même; mais la publication, par le comité exécutif de *gouvernement*,

d'une disposition obligatoire sur les unités de répartition n'oblige pas la communauté à procéder à un réallotissement ou à une péréquation anticipés de la terre, s'ils ont déjà été effectués auparavant sur la base des unités établies par la communauté elle-même.

CHAPITRE III

Mode parcellaire de jouissance de la terre

96. Dans le mode parcellaire de jouissance de la terre, chaque *dvor* faisant partie de la communauté a droit à la terre dans une proportion invariable sous forme de lots : *a*) [lots] enchevêtrés; *b*) [lots] à *otroub ;* ou *c*) [lots] à *khoutor*.

97. Dans le mode de jouissance de la terre par lots enchevêtrés, les bandes de biens fonciers de même nature appartenant à un seul et même usufruitier agraire sont situées en divers endroits du lot [*nadiel*] de terres de la communauté, alternant avec des bandes [de terre] d'autres usufruitiers agraires.

98. Dans le mode de jouissance de la terre par *otroub*, tout le lot (*nadiel*) de l'usufruitier agraire ou les biens fonciers de même nature, (champs, par exemple) se trouvent aux seuls et mêmes endroits, avec maintien du lieu [d'habitation] du *dvor* dans l'agglomération rurale commune.

99. Dans le mode de jouissance de la terre par *khoutor*, le lieu d'habitation du *dvor* fait partie inté-

grante d'un lot formé des biens fonciers les plus importants [et] ramené à un seul tenant.

100. Le mode parcellaire de jouissance de la terre est réputé exister dans les communautés où il a été établi pour les biens fonciers principaux par les actes d'organisation foncière ou par des décisions de la communauté, et n'a pas été soumis par la suite à des modifications légales.

101. Lorsqu'est établi à nouveau le mode parcellaire de jouissance de la terre, les proportions de l'usufruit agraire de chaque *dvor* sont fixées sur des bases égales pour tous par des décisions (*prigovory*) de la communauté agraire; dans les communautés où le mode parcellaire de jouissance de la terre existe déjà, l'étendue du lot de chaque *dvor* est fixée d'après l'usage travailleur effectif [et] incontesté, et, en cas de contestations, — par les commissions d'après les actes et autres preuves requis (témoignages, etc.).

102. La situation et les limites des lots de terre des *dvors* séparés, dans le mode parcellaire de jouissance de la terre, peuvent être modifiées lors de la mise à exécution de l'organisation agraire d'Etat ou intra-communale (1), ou dans le cas de retrait de terre pour les besoins de l'Etat. En outre, la communauté agraire peut, par décision de la majorité des membres jouissant de la plénitude de leurs droits, modifier la situation et les limites des lots de terre des différents *dvors*, afin d'améliorer l'usufruit agraire (passage aux lots élargis, cultures à plusieurs assolements, etc.). Quant à la situation et aux

---

1. [Entendre : effectuée entre [attributaires de] *nadiel*.]

limites des lots à *khoutor* et à *otroub*, dans lesquels
est menée une exploitation perfectionnée, elles ne
peuvent être modifiées sans le consentement exprès
de leurs usufruitiers agraires que selon la procédure de l'organisation agraire et dans les cas de nécessité spéciale ayant un intérêt d'Etat. Les conditions requises pour déclarer perfectionnées des
exploitations sont établies par le Commissariat du
Peuple pour l'Agriculture en conformité avec les
particularités locales.

CHAPITRE IV

Mode de jouissance de la terre par association

103. Dans le mode de jouissance par association,
chaque usufruitier agraire faisant partie de la communauté a le droit de participer conjointement à la
jouissance des lots de terre communs de l'association,
sans qu'il soit fait attribution aux membres de l'association, pris individuellement, de lots [pris] dans
les biens fonciers principaux.

104. Les communautés agraires qui pratiquent le
mode de jouissance de la terre par association sont
formées en vue d'utiliser le plus avantageusement
possible le travail de leurs membres et de mener la
production agricole sur la base de l'accord volontaire des usufruitiers agraires faisant partie de ces
associations, en groupant en usufruit agraire commun la totalité ou un certain nombre de biens fonciers qui se trouvaient antérieurement en leur jouis-

sance, ou en attribuant de la terre en commun à l'association.

105. Dans la communauté agraire pratiquant le mode de jouissance par association, les portions de terre qui reviennent à chaque membre de la communauté peuvent être ou bien établies [spécifiquement] (*artels*, ou associations avec culture de la terre en commun), ou laissées sans détermination (*communes* agricoles).

106. Dans les *artels* et les associations avec culture de la terre en commun, les parts des membres des *artels* ou des associations dans les biens fonciers d'exploitation peuvent être établies dans une proportion constante, ou sur les bases d'une péréquation ultérieure.

107. La formation d'une association comporte obligatoirement : 1º un acte de constitution (contrat); 2º un statut; 3º un acte d'attribution de terre. Pour la formation d'associations de caractère provisoire, l'acte d'attribution de terre et le statut ne sont pas nécessaires.

108. L'acte de constitution (contrat) doit spécifier :

a) La dénomination et les buts de l'association;

b) Le nombre et la dénomination des usufruitiers agraires entrant dans l'association (*artels* ou *communes*);

c) La quantité de terre réunie ou attribuée pour l'usufruit par association;

d) L'étendue de la part de chaque usufruitier agraire dans les biens fonciers d'exploitation, si ces biens sont établis.

109. Le statut de la communauté agraire pratiquant le mode de jouissance par association doit indiquer, outre la dénomination et le domicile de celle-ci :

a) Les conditions d'admission de nouveaux membres dans l'association et de sortie des participants effectifs ;

b) Le mode d'acquisiton et d'utilisation du cheptel ;

c) Le degré de communauté du travail, des ressources de la production et de tout autre avoir [mobilier] des membres de l'association ;

d) Le mode de culture en commun de la terre et les règles de la participation des membres de l'association aux travaux d'exploitation ;

e) Les règles générales de répartition des produits provenant des biens fonciers cultivés en commun ;

f) Le mode de constitution de ressources communes (capitaux) ;

g) Le mode d'extinction de l'association, et toutes autres conditions et règles, non contraires à la loi, que les membres de l'association croient devoir établir.

Remarque. — Le Commissariat du Peuple pour l'Agriculture est tenu d'élaborer et de publier des actes de constitution et des statuts-types des associations de différentes sortes.

110. Un membre d'une association a le droit, en la quittant, de demander a être indemnisé du travail fourni par lui et de la part de l'avoir commun qu'il laisse à l'association (cheptel, réserves, etc.). En même temps l'association peut réclamer au membre partant l'indemnisation des pertes résultant de ce

départ. Toutes les contestations liées à cet ordre de faits sont tranchées par les commissions agraires.

Remarque. — Au cas où un membre sort de l'association avant la rentrée de la récolte, il a droit à une part de récolte diminuée en proportion.

111. Dans le cas où, comme la loi l'autorise, l'association passerait au mode collectif ou au mode parcellaire de jouissance de la terre, ou [dans le cas] d'extinction de l'association, la part de terre de chaque membre de l'association dans les biens fonciers de celle-ci est fixée conformément au statut de l'association, et, en l'absence d'indications sur ce point dans le statut, — sur la base d'une décision de l'assemblée générale des membres de l'association.

Remarque. — Lors de la liquidation des collectivités agricoles, dont l'exploitation avait lieu sur une terre se trouvant à la disposition directe de l'Etat, la tere passe à la disposition des organes agraires.

CHAPITRE V

Culture en commun

112. Dans chaque communauté agraire, indépendamment du mode de jouissance de la terre qui y est pratiqué, la culture en commun de la terre, par voie d'application conjointe du travail et d'utilisation commune des ressources et des instruments de production pour le labourage, l'ensemencement des terres, la rentrée des récoltes, etc., peut être introduite

en vertu d'une décision de la majorité des membres jouissant de la plénitude de leurs droits (en la forme des articles 53-54) sur toute l'étendue ou sur une partie seulement des terres de cette communauté.

113. Les conditions et le mode de passage au travail en commun de la terre et de sa production sont fixés par les statuts ([ou] décisions) de ceux qui y participent, enregistrés dans le comité exécutif de *volost*.

114. Si la minorité des membres de la communauté se déclare pour la culture en commun de la terre, alors que la majorité repousse ce mode de culture, la communauté est tenue de détacher [et de lui attribuer], sur sa demande, un lot de terre correspondant d'un seul tenant, selon les règles générales qui concernent les partages et attributions de terre, et de sauvegarder les commodités réciproques d'usufruit agraire.

115. Les terres qui sont en culture commune sont conservées aux usufruitiers agraires correspondants lors des réallotissements; elles ne sont pas soumises non plus à réduction, même si elles dépassaient la quantité de terre échéant à ces usufruitiers d'après les unités de répartition.

TITRE VII

Des réallotissements de la terre dans les communautés pratiquant le mode collectif de jouissance de la terre

116. Chaque réallotissement de la terre s'opère en vertu d'une décision spéciale de la communauté

agraire, rendue par ses membres à la simple majorité des voix. Cette décision doit indiquer :

a) Les biens fonciers à réallotir ;

b) Le type d'unité de répartition ([têtes de] consommateur, forces ouvrières, etc.) ;

c) La quantité d'unités qui revient à chaque *dvor ;*

d) La durée des périodes pour lesquelles le réallotissement est effectué ;

e) Le mode de jouissance des lots de terre de réserve, s'il en reste lors du réallotissement.

117. La répartition de la terre en vertu du réallotissement s'opère, proportionnellement aux unités de répartition, entre tous les *dvors* de la communauté sur des bases uniformes.

118. Les lots de terrain affectés à des bâtiments d'exploitation ou autres et à des potagers, ainsi que les lots occupés par des jardins, des vignes et autres plantations particulièrement précieuses ne comportent pas de réallotissements en nature ; mais il peut être tenu compte de leur superficie lors de la détermination de la quantité d'autres biens fonciers à attribuer à chaque *dvor*.

119. Les lots sur lesquels leurs usufruitiers ont effectué des améliorations radicales et en particulier l'assèchement ou l'irrigation artificiels sont conservés à ces anciens usufruitiers lors des réallotissements ; toutefois, dans le cas où ce maintien [en jouissance] serait impossible ou non justifié, lesdits lots peuvent être remis à d'autres personnes, qui sont tenues [alors] de rembourser aux usufruitiers antérieurs la valeur des dépenses particulières non utilisées par ceux-ci.

120. Les décisions de la communauté concernant les réallotissements sont mises à exécution après leur enregistrement par les comités exécutifs de *volost*. L'enregistrement de la décision relative au réallotissement peut être refusé dans le cas d'inobservation des règles établies pour les réallotissements et de violation des droits des membres de la communauté pris individuellement; les irrégularités commises dans la décision doivent être alors signalées, et la communauté doit les faire disparaître ou bien renoncer au réallotissement.

121. Les terres arables ne peuvent pas être réalloties avant l'expiration de la période nécessaire pour réaliser trois fois l'assolement en usage dans la communauté, et, en l'absence d'assolement régulier, avant l'expiration de neuf années à partir du dernier réallotissement.

Rédaction de l'ordonnance du V. TS. I. K. du 29 mars 1923 *(Recueil des Lois,* 1923, n° 26, art. 304).

122. Le réallotissement anticipé des biens fonciers peut être autorisé dans le cas où la communauté passe à des formes perfectionnées de jouissance de la terre et d'exploitation (des petites bandes de terre aux lots élargis, de la culture à trois — à la culture à plusieurs assolements, etc.), de même que pour une [nouvelle] répartition agraire dans les cas de retrait forcé d'une partie des biens fonciers de partage et d'attribution des terres de la communauté, ou d'exécution [des actes] d'organisation agraire.

123. Dans les intervalles qui séparent les réallotissements, le retrait et l'attribution compensatoire

de lots de terre s'effectuent dans chaque cas particulier (conformément à l'art. 93) en vertu de décisions de la communauté avec indication des *dvors*
et des personnes auxquels sont repris ou redonnés
des lots de terre, et des bases [justificatives] de l'étendue du retrait et de l'attribution compensataire.

124. Les décisions de la communauté sur le retrait
et l'attribution compensatoire de lots de terre sont
mises à exécution, si, dans un délai de quatorze jours,
les membres de la communauté [qui seraient] mé-
contents n'ont pas déposé de plaintes devant les commissions agraires; dans le cas de dépôt de plaintes,
la décision n'est mise à exécution qu'après son examen selon la procédure de solution des contestations
agraires.

TITRE VIII

Des terrains d'*ousadby* (enclos) et terres à prés

125. Chaque *dvor* a droit à recevoir un lot d'*ousadba* (1) sur la portion du territoire du village réser-
vée aux *ousadby*.

126. Les règles concernant les réallotissements de
terres et les unités de répartition ne s'étendent pas
aux lots d'*ousadba* des usufruitiers agraires travailleurs et ces lots ne peuvent être l'objet de péréqua-
tions, ni découpés ni déplacés sans le consentement
de ceux qui en ont la jouissance.

1. [Voir p. 92, n. 1].

127. Les dimensions des lots d'*ousadba* dans les villages sont fixées par la communauté en vertu d'une décision de ses membres jouïssant de la plénitude de leurs droits, et doivent être les mêmes pour tous les *dvors*. Les excédents de terrain et les manquants dans les lots d'*ousadba* des *dvors*, comparativement à la norme établie, sont égalisés à l'aide d'autres biens fonciers, en tenant compte également de la qualité de la terre.

128. La communauté a le droit d'élargir la surface des terrains d'*ousadby* aux dépens d'autres biens fonciers pour y opérer des prélèvements de terrain au profit des *ousadby* trop étroites et pour attribuer de nouveaux lots d'*ousadba*.

129. Les économies (*dvors*) qui quittent [la communauté], dans les formes de l'organisation agraire, pour des lots à *khoutor* ou pour des hameaux de colonisation [*vyselki*], peuvent conserver le droit de jouissance de leurs lots d'*ousadba* antérieurs dans [leur] village pour une durée de trois ans au plus, après quoi ces lots passent aux usufruitiers agraires (communauté ou *dvors* séparés) dans les biens fonciers desquels ils sont compris.

130. La répartition des biens fonciers [consistant en] prairies dont les communautés agraires ont la jouissance s'effectue sur les mêmes bases et d'après les mêmes unités de répartition que la répartition des terres arables; toutefois l'établissement d'unités de répartition différentes dans une seule et même communauté pour des réallotissements de champs et de prairies (par exemple : réallotissement de la terre de labour par consommateurs et des prairies

d'après le nombre des têtes de bétail) n'est pas autorisé..

Remarque. — Dans des cas exceptionnels, à raison de conditions locales particulières, les comités exécutifs de *gouvernement* ont le droit, sur la proposition des directions agraires de *gouvernement*, d'établir des conditions et des délais spéciaux pour les réallotissements de biens fonciers consistant en prairies.

131. Les lots de biens fonciers consistant en prairies sur lesquels leurs usufruitiers, — communautés agraires et *dvors* séparés, — ont fait des améliorations radicales (assèchements et autres amendements) sont conservés auxdits usufruitiers, et, dans le cas de retraits partiels lors de péréquation, ou d'organisation agraire, ceux-ci reçoivent, pour les dépenses qu'ils n'ont pu utiliser, une indemnité de ceux en la jouissance desquels passe le lot.

132. Le changement des limites des biens fonciers consistant en prairies, qui sont en la jouissance de communautés agraires ainsi que de *dvors* séparés qui se livrent à une exploitation propre des prairies, distincte de [celle de] la communauté, sur des lots à *otroub* ou à *khoutor*, ne peut s'effectuer autrement que dans les formes de l'organisation agraire.

133. Les comités exécutifs de *gouvernement* ont le droit d'édicter, sur les propositions des directions agraires de *gouvernement*, des dispositions obligatoires et des règlements détaillés sur les mesures ayant pour objet d'encourager et [même] de contraindre à l'amélioration massive des biens consistant en prairies.

134. Dans le mode collectif et [le mode] par lots enchevêtrés de jouissance de la terre, chaque *dvor* a le droit, soit individuellement, soit conjointement avec d'autres *dvors*, de renoncer en tout temps, avec le consentement de la communauté, au mode existant de jouissance de la terre et de sortir [de la communauté] avec la terre [en lot] d'un seul tenant.

TITRE IX

Des partages et attributions de terres

135. Lors des redistributions et des répartitions complètes des terres dans la communauté agraire, un nombre quelconque d'économies, ainsi que des *dvors* isolés ont le droit de sortir de la communauté sans son consentement à cet effet, et de demander le partage et l'attribution de terre d'un seul tenant dans la proportion qui leur revient d'après le réallotissement à effectuer, compte devant être tenu en outre de la qualité de la terre, d'après une estimation comparative; sur les terres partagées et attribuées, tous modes quelconques de jouissance de la terre peuvent aussi être établis.

136. Dans les cas où il ne serait pas effectué, au sein de la communauté, de redistributions ou de répartitions complètes de la terre, il est permis de sortir de la communauté, sans le consentement de celle-ci, [et] en gardant la terre, si le cinquième au moins des économies (*dvors*) faisant partie de la communauté le demande, ou au moins cinquante économies

dans une communauté comptant plus de deux cent cinquante économies. Mais les attributions de lots détachés à un nombre quelconque d'économies (*dvors*) sur des parcelles non bâties et naturellement individualisées sont également autorisées en tout temps sans le consentement de la communauté, si de tels détachements ne doivent pas provoquer un réallotissement général de la terre dans la communauté.

137. Lors de chaque partage et attribution, la communauté établit préalablement l'unité de répartition (par [tête de] consommateur, par [unité de] force ouvrière ou unité mixte), et la quantité de terre pour ceux qui se séparent de la communauté est calculée d'après le nombre d'unités de répartition qui leur revient. De plus l'unité de répartition doit être uniformément la même pour tous les biens fonciers à réallotir (terres arables, prairies, etc.) et pour les personnes qui restent dans la communauté comme pour celles qui en sortent.

138. Tous les partages et attributions de terres doivent être effectués en sauvegardant les plus grandes commodités réciproques dans la jouissance de la terre pour ceux qui restent dans la communauté et pour ceux qui en sortent avec la terre, c'est-à-dire en supprimant l'enchevêtrement, l'encastrement (1) réciproques des terres, l'éloignement, le bornage irrégulier, le défaut d'approvisionnement en eau, le man-

---

1 [« Disposition des possessions, où les terres d'un possesseur pénètrent en coin dans celles d'un autre en une ou plusieurs bandes étroites ». (*Loi sur l'organisation agraire du 29 mai 1911*, chap. VI, art. 47).]

que de chemins, et en observant toutes les autres exigences de l'organisation agraire.

139. Après le passage de la communauté agraire d'un mode de jouissance de la terre à un autre, avec opération de partages et d'attributions de terres suivant la procédure des articles précédents, les attributions ultérieures qui exigeraient des réallotissements généraux anticipés de la terre ne sont autorisées qu'avec le consentement de la communauté.

140. Lors de tous partages et attributions de terres [détachées] de la communauté, ou de l'opération de réallotissements généraux, la procédure suivante est établie :

a) Toutes les questions sont soumises à un examen préalable dans l'assemblée générale (*skhod*) des membres de la communauté agraire donnée;

b) En l'absence de contestations et de plaintes, la décision de la communauté est mise à exécution après son enregistrement à l'administration agraire de district, laquelle est tenue d'examiner cette sorte d'affaires dans un délai de deux semaines au plus à dater du jour de leur introduction;

c) Dans les cas où naissent des litiges agraires, la partie mécontente a le droit de former un recours contre la décision de la communauté dans les formes établies pour l'examen des litiges agraires, et ce n'est qu'après examen et solution définitifs de l'affaire qu'a lieu l'enregistrement correspondant par l'administration agraire de district.

TITRE X

De la consolidation et de l'organisation des terres d'usufruit travailleur

141. A dater du jour de la promulgation de la loi fondamentale sur l'usufruit travailleur de la terre du 22 mai 1922 (*Recueil des Lois*, 1922, n° 36, art. 426), est déclarée [être] confirmée en usufruit travailleur permanent pour les *volost*, villages et autres unions agricoles toute la quantité de terre qui se trouve présentement en leur usufruit travailleur effectif et qui leur a été légalement octroyée par les dispositions des organes agraires ou des congrès des soviets (de *volost*, de district et de *gouvernement*), sur les terres destinées à être réparties en usufruit travailleur.

142. A partir du même moment la péréquation ultérieure des terres entre les *volost* et les villages en forme obligatoire prend fin, et désormais l'organisation agraire a pour but de créer pour la population les plus grandes commodités dans la jouissance de la terre par voie de suppression de l'enchevêtrement, de la trop grande distance des terres, etc.

143. Dans les rayons où les rapports agraires entre les villages et d'autres unions agricoles ne présentent aucune confusion, les organes agraires n'ont à effectuer, suivant la procédure de l'inscription d'Etat de l'usufruit agraire (enregistrement agraire), d'a-

près les règles spéciales pour cet objet, que la mise
en forme légale de la jouissance existante de la terre,
avec fixation des contenances et des bornages, et avec
remise à la population des documents correspondants.

DEUXIÈME PARTIE

DES TERRAINS DES VILLES
ET DES BIENS FONCIERS D'ÉTAT

TITRE 1

Terrains des villes

144. Avec la publication du présent Code, tous les terrains [situés] à l'intérieur du périmètre effectif d'une ville sont déclarés terrains de la ville. En outre les terres indiquées ci-dessous qui se trouvent dans des *volost* sont confirmées en usufruit aux villes. L'extension du territoire d'une ville par le moyen d'établissement d'un nouveau périmètre urbain aux dépens de terres de *volost* est effectuée sur les bases indiquées à l'article 146.

145. Est réputée limite [de territoire] urbain, en vigueur au moment de l'introduction du présent Code, la limite extérieure des terres, bâties ou non bâties, qui étaient gérées par le soviet de la ville à la date du 1er août 1922, ainsi que les anciens terrains urbains contigus à la limite d'enceinte de la ville, s'ils ne se trouvent en la jouissance effective d'une population paysanne ou d'organisations ouvrières.

Remarque 1. — La détermination de la limite d'enceinte urbaine en vigueur, sur le terrain ou sur plan, sur toute son étendue ou sur une partie isolée, est effectuée, en cas de besoin, dans les formes générales de la procédure d'organisation agraire tant d'après les déclarations de la population avoisinante que d'après celles du soviet de la ville.

Remarque 2. — Les travaux de détermination de la limite du territoire urbain indiquée au présent article doivent être effectués en première ligne.

146. Dans le cas où il apparaîtrait nécessaire, dans l'intérêt de l'extension de la ville, de modifier la limite d'enceinte urbaine existante pour en établir une nouvelle, la question est engagée par le soviet de la ville ou par le Commissariat du Peuple pour l'Intérieur. L'affaire d'établissement d'un nouveau périmètre est instruite en la procédure générale des règlements agraires. Dans le cas où un accord n'est pas obtenu, l'affaire est remise à la décision finale du Bureau du Conseil Exécutif Central Panrusse. Une fois sanctionné, le projet de nouveau périmètre est exécuté par les organes agraires.

147. Les arrangements agraires à l'intérieur du périmètre urbain sont fixés par des lois spéciales. Les opérations des organes agraires ne s'étendent pas à ces terres.

Remarque. — Les lois et règlements indiqués au présent article sont, sur la proposition du Commissariat du Peuple pour l'Intérieur et du Commissariat du Peuple pour l'Agriculture, promulgués par le Bureau du Comité Exécutif Central Panrusse.

148. Tous les terrains [situés] au delà du périmètre

effectif de la ville, quelles que soient les personnes qui en ont la jouissance, rentrent dans le territoire des *volost*; ils sont [placés] sous la gestion générale des organisations agraires et soumis aux dispositions correspondantes du Code Agraire; toutefois, les terrains qui desservent de fait des entreprises communales urbaines (canalisations d'eaux, champs d'épandage, exploitations soviétiques, etc.) sont consolidés à ces entreprises.

149. Les terrains, situés au delà des limites de l'enceinte urbaine, qui se trouvent en la jouissance d'établissements et d'entreprises ne rentrant pas dans les cadres de l'administration communale et qui leur ont été concédés légalement, sont confirmés à ces établissements et à ces entreprises. Quant aux terres qui se trouvent en la jouissance [d'exploitation] agricole d'habitants de la ville et qui leur ont été concédées légalement, elles restent en leur jouissance, en vertu des lois sur l'usufruit travailleur de la terre; toutefois, en ce qui concerne la jouissance de la terre, lesdits habitants doivent se grouper en communautés agraires.

150. En vue de prévenir l'édification irrégulière [de constructions] sur des terres susceptibles de rentrer avec le temps dans l'enceinte urbaine, les soviets des villes ont, outre le droit de fixer la nouvelle enceinte, celui d'établir les plans et règlements de construction sur les terrains situés au delà de l'enceinte urbaine.

A dater du jour où lesdits [plans et règlements] ont été ratifiés en la forme établie et portés à la connaissance de la population, il est interdit d'édifier

de nouvelles constructions qui seraient **en** opposition avec eux, — exception faite pour des constructions temporaires et légères, ou pour l'agrandisse-
ment de constructions existantes. En cas de nécessité de retour des terrains à la ville, les constructions
édifiées ou agrandies devront, en vertu des plans
sus-indiqués, être enlevées aux frais des personnes
qui ont effectué ces travaux de construction.

151. Dans le cas où les terrains attenant à l'enceinte urbaine se couvriraient de constructions ou
seraient occupés par des entreprises et des établissements communaux, la limite de l'enceinte urbaine
est déplacée dans les formes générales de la procédure d'organisation agraire, pour y inclure ces terrains. A cette procédure sont appelés à participer,
dans les cas indiqués en la présente loi, en qualité
de parties : des représentants du soviet de la ville
et du comité exécutif de la *volost*, les établissements,
organisations, entreprises intéressés, les communautés agraires et les usufruitiers agraires individuels.

152. Les dispositions du présent titre s'étendent
également à toutes les agglomérations reconnues, en
la forme établie, comme agglomérations de type urbain.

153. Le Commissariat du Peuple pour l'Agriculture et le Commissariat du Peuple pour l'Intérieur
ont le droit d'édicter, par accord réciproque, des
règlements et des instructions pour l'application de
la présente loi.

TITRE II

Des biens fonciers d'Etat

CHAPITRE I

Dispositions générales

154. Les biens fonciers d'Etat comprennent toutes les terres qui restent au fonds agraire d'Etat unique, après un prélèvement de terres octroyées en jouissance directe aux usufruitiers agraires travailleurs et à leurs unions, ainsi qu'aux villes et aux agglomérations de type urbain.

155. Ne rentrent pas dans la catégorie des biens fonciers d'Etat les terrains qui se trouvent sous les forêts, les exploitations de mines, les voies ferrées, les forteresses et travaux militaires du même type, etc. Tous ces terrains sont placés sous l'administration des départements correspondants en vertu des règlements spéciaux sur la matière. Lorsque ces terrains ont cessé d'être nécessaires pour des buts spéciaux, ils rentrent dans la catégorie des biens fonciers d'Etat.

Remarque. — L'attribution de terrains d'affectation spéciale et leur réintégration dans la catégorie des biens fonciers d'Etat s'opèrent selon les règles générales de la procédure d'organisation agraire.

156. Les biens fonciers d'Etat se divisent en :

a) Exploitations soviétiques (*sovkhozy*) (1);

1. [Substantif dont le radical est constitué par la première syl-

b) Articles de rapport, comportant l'utilisation des lots de terrain et de l'outillage d'exploitation qui les constituent;

c) Lots de la réserve foncière générale d'Etat n'ayant pas[encore] reçu d'affectation directe dans les formes établies, c'est-à-dire n'ayant [encore] été concédés à personne en jouissance permanente ou à terme.

157. Les biens fonciers d'Etat sont placés sous l'administration et à la disposition générales du Commissariat du Peuple pour l'Agriculture et de ses organes; ils sont exploités par eux soit en la forme d'exploitation directe, soit par voie de concession en jouissance, sur les bases générales, à des organisations, entreprises, établissements d'Etat ou publics, ou encore à des individus.

Remarque. — La procédure, les conditions et la durée de la concession de biens fonciers d'Etat en usufruit à des établissements, entreprises, organisations d'Etat et à des individus sont fixées par des règlements spéciaux, sanctionnés par le Conseil des Commissaires du Peuple, sur la proposition du Commissariat du Peuple pour l'Agriculture.

158. A mesure que les biens fonciers d'Etat sont octroyés en usufruit permanent aux travailleurs de la terre et à leurs unions (suivant la procédure d'attribution de lots [*nadiel*] aux citoyens n'ayant pas ou ayant trop peu de terre, d'émigration et de colonisation), ils sont exclus de la catégorie des biens fon-

labe des deux mots: *Sov*[*ietskiïa*] (= soviétiques) *khoz* [*iaïstva*] (= exploitations, économies) ; — *y* : désinence du nominatif pluriel du substantif ainsi composé.]

ciers d'Etat et reportés à celle des terres d'usufruit travailleur. Tous litiges naissant à l'occasion de l'exploitation de biens fonciers d'Etat en vertu de contrats sont tranchés suivant la procédure à ce établie.

159. Les biens fonciers d'Etat octroyés en jouissance à un usufruitier quelconque pour des besoins déterminés ou pour une certaine période font retour à la catégorie foncière correspondante (conformément à l'art. 155) après qu'aura pris fin la nécessité en vue de laquelle ils avaient été octroyés, ou après l'expiration de la période de concession.

Chapitre II

Exploitations soviétiques (soukhozy)

160. Les exploitations soviétiques (*soukhozy*) représentent des entreprises agricoles munies d'un outillage, et dont l'objet est de servir de base scientifique et technique au développement de l'agriculture et à sa mise en commun. Pour atteindre ce but, elles doivent à très bref délai travailler au relèvement et à l'amélioration de la production agricole dans ces exploitations, à l'adoption de mesures d'expérience et de démonstration, à la production de valeurs agriculturales (races de bétail améliorées, graines sélectionnées, etc.); elles doivent également exercer leur action sur la production agricole environnante ou assurer des tâches spéciales (établissements d'instruction, d'éducation culturelle, lieux de traitement, etc.).

161. A dater de la publication du présent Code, toutes les exploitations soviétiques, sauf celles qui sont indiquées à l'article 148, sont [placées] sous l'administration du Commissariat du Peuple pour l'Agriculture et de ses organes locaux.

Remarque. — Les rapports respectifs des organes agraires et des autres établissements et entreprises ayant en leur jouissance des exploitations soviétiques (y compris des établissements des organes agraires) sont fixés par des règlements spéciaux publiés par le Conseil des Commissaires du Peuple sur la proposition du Commissariat du Peuple pour l'Agriculture.

162. — Les organes agraires sont tenus de veiller à ce que les exploitations soviétiques, — celles qui sont en leur jouissance et celles qui ont été transmises en jouissance en vertu de contrats, — entrent en étroite union, dans leur travail de production et de technique agriculturale, avec la population agricole locale. A cette fin, la liaison doit être établie avec elle en ce qui concerne l'organisation des mesures de technique agriculturale (parcs d'élevage, pépinières de semis, centres de monte et de location, ateliers de réparations agricoles, etc.).

163. Toutes les exploitations soviétiques, sans exception, existent en vertu d'un contrat spécial avec les organes agraires, [contrat] où doivent être prévues obligatoirement, selon les conditions locales, les mesures de technique agriculturale qu'elles sont tenues d'exécuter au cours de la période convenue. En outre le contrat doit prévoir qu'une exploitation dé-

prédatrice des biens fonciers ou du cheptel et des constructions entraîne la rupture du contrat.

Remarque 1. — Tous les établissements et entreprises qui, avant la publication du présent Code, étaient usufruitiers d'une exploitation soviétique et qui n'ont pas donné une forme légale à leur jouissance par des contrats, sont tenus d'entrer, dans un délai de trois mois au plus, dans les organisations agraires, en vue de rendre légale cette jouissance par des contrats, faute de quoi ils perdent le droit de bénéficier [de ces contrats].

Remarque 2. — Les exploitations soviétiques indiquées à l'article 148 sont exclues des effets du présent article.

164. L'organisation ·de nouvelles exploitations soviétiques sur des terres du fonds agraire d'Etat n'a lieu qu'en vertu de décisions du Commissariat du Peuple pour l'Agriculture, ou [n'est effectuée que] par lui directement, ou sur les propositions de ses organes locaux ou — avec son autorisation et sous son contrôle — par d'autres entreprises et établissements d'Etat ou publics.

TROISIÈME PARTIE

DE L'ORGANISATION AGRAIRE ET DE L'ÉMIGRATION

TITRE I

De l'organisation agraire

CHAPITRE I

Dispositions générales

165. L'organisation agraire a pour objet de régulariser les usufruits agraires existants, d'en former de nouveaux en conformité avec les droits à la terre et avec les exigences d'une technique agricole rationnelle.

166. La procédure des présentes dispositions règle les opérations suivantes d'organisation agraire :

a) Attribution des terres concédées en jouissance aux organisations, établissements et entreprises d'Etat, aux villes et aux agglomérations de type urbain, aux unions de travailleurs de la terre, ainsi que — à des conditions spéciales (affermage, concession, etc.) — à d'autres établissements, sociétés et personnes;

b) Constitution de fonds agraires d'affectation spéciale (émigration, concession, pacage, etc.) et transfert des biens fonciers d'un fonds à un autre;

c) Retrait de terres pour des nécessités d'Etat ou des [nécessités] publiques;

d) Fixation de périmètre urbain;

e) Partage des terres qui sont en la jouissance des communautés agraires; partage et attribution de terres à des économies isolées (*dvors*) et à leurs groupes; répartition de tous les biens fonciers de la communauté agraire ou de quelques-uns en *khoutora* ou en *otrouba*; partage des terres des économies agricoles travailleuses individualisées;

f) Suppression ou atténuation de l'enchevêtrement des usufruits agraires séparés, de l'enclavement (1) ou de l'encastrement, de l'éloignement, des bornages irréguliers et autres défectuosités de la jouissance de la terre;

g) Percement, déplacement ou suppression de chemins, fourniture d'abreuvoirs, et déplacement des usufruits agraires en corrélation avec l'exécution d'améliorations radicales des biens fonciers (amendements);

h) Jalonnement des emplacements d'habitation pour l'agglomération;

i) Etablissement et modification des limites territoriales des *volost*.

167. Les opérations d'organisation agraire sont effectuées, sous la surveillance, la direction et le con-

---

1. [«... Disposition des possessions où les terres d'un possesseur... s'enclavent dans les terres d'un autre, en une ou plusieurs petites parcelles... » (*Loi sur l'organisation agraire du 29 mai 1911, Chap. VI, art. 47*).]

trôle généraux du Commissariat du Peuple pour l'Agriculture, par les institutions locales d'organisation agraires à l'aide d'arpenteurs-organisateurs agraires munis de pouvoirs à cet effet.

168. Les opérations d'organisation agraire sont effectuées sur l'initiative des institutions d'organisation agraire à l'aide d'organisateurs agraires arpen-

a) Formation ou modification de la composition des fonds agraires d'affectation spéciale;

b) Reconnaissance, par les institutions d'organisation agraire, de la nécessité d'éliminer sans délai, dans tel ou tel rayon, les défectuosités d'organisation agraire particulièrement nuisibles en raison de leur influence sur l'exploitation, ou susceptibles d'envenimer les rapports agraires. Dans tous les autres cas, les opérations susdites ne sont effectuées que sur la demande — à cette fin — des parties intéressées.

169. Les personnes qui participent à l'organisation agraire reçoivent la quantité de terre à laquelle elles ont droit en vertu du présent Code. En outre, au lieu des terres qui étaient auparavant en leur jouissance, il peut leur en être alloué d'autres, prises sur les biens fonciers de même nature, compte devant être tenu de la qualité des terres d'après leur estimation comparative. Le remplacement de biens fonciers antérieurement en jouissance par des biens fonciers d'autre nature (par exemple d'une coupe de bois ou d'une terre non utilisable par une terre de labour) n'est autorisé, sans le consentement des usufruitiers agraires, que dans les cas où il serait

impossible de réaliser autrement une organisation agraire régulière.

Remarque. — Les litiges qui naîtraient lors de l'application du présent article sont examinés par les commissions agraires suivant la procédure générale de l'organisation agraire.

170. La quantité de terres attribuées aux personnes participant à l'organisation agraire est fixée d'après les bases suivantes :

a) Pour l'attribution de terres à des organisations établissements et entreprises d'Etat, ainsi qu'aux villes et aux agglomérations de type urbain — en conformité avec les articles 145 et 146 du présent Code;

b) Pour l'organisation des terres des communautés agraires existantes et des économies individualisées (*dvors*) — d'après la quantité de terres qui leur ont été concédées, conformément à la loi, en usufruit travailleur;

c) Pour les répartitions, partages et attributions de terres [détachées] dans des communautés agraires — d'après le nombre des unités de répartition qui échoient en partage aux personnes participant à l'organisation agraire;

d) Pour la répartition et l'attribution de terres du fonds [de réserve] agraire libre pour les besoins de l'émigration et de la colonisation — d'après des normes spécialement établies à cet effet ou d'après la possibilité effective d'une appropriation travailleuse des terres par ceux à qui elles sont concédées;

e) Pour l'octroi de terres à des établissements, sociétés et personnes sur des bases spéciales (affermage, concession, etc.) — d'après les conditions des contrats correspondants ou d'après les indications des dispositions spéciales concernant ces cas.

171. Si la terre dont l'organisation est requise est liée avec d'autres terres (enchevêtrement, éloignement, etc.), toutes ces terres sont incluses dans une seule aire commune de répartition, et l'organisation agraire, en ce qui les concerne, est effectuée simultanément et conjointement. La quantité de terre à attribuer aux personnes qui participent à l'organisation agraire est également fixée d'après les bases indiquées à l'article précédent.

172. Les opérations d'organisation agraire sont effectuées avec la participation des parties intéressées ou de leurs représentants (communautés agraires mandatées, usufruitiers individuels munis de pouvoirs, menant une exploitation individualisée [distincte] de [celle de] la communauté, représentants d'organisations, d'établissements et d'entreprises, etc.); ceux-ci doivent être munis de pleins pouvoirs afin d'effectuer pour le compte de leurs mandataires tous actes requis dans l'organisation agraire.

Remarque. — Les établissements d'Etat, sous la gestion desquels sont placées les terres à organiser, remettent, pour chaque cas particulier, leurs pouvoirs de participation à l'organisation agraire soit aux personnes qui administrent ces terres (par exemple les exploitations soviétiques), soit à des personnes spécialement désignées [à cet effet].

173. Pour l'établissement ou la modification des limites de *volost*, il est fait appel en qualité de parties, outre les usufruitiers limitrophes, aux représen-

tants des comités exécutifs de *volost* intéressés, et, si la limite établie ou modifiée de la *volost* est aussi la limite du district ou du *gouvernement*, — aux représentants des comités exécutifs compétents de district et de *gouvernement*.

174. Tous les participants à l'organisation agraire sont avisés en temps voulu, personnellement ou dans la personne de leurs représentants, d'avoir à comparaître pour participer aux opérations d'organisation agraire; cet avis doit leur parvenir assez tôt pour qu'ils soient en mesure, à raison des conditions locales, d'arriver, à l'heure marquée, au lieu indiqué. Dans les cas excusables de retard, les retardataires ont le droit de demander qu'il soit procédé à nouveau aux opérations d'organisation agraire effectuées en leur absence; toutefois cette réexécution ne peut être autorisée qu'au cas où il aura été prouvé que la non-comparution à la date [fixée] est due à des causes indépendantes [de la volonté] du retardataire (maladie grave, fléau de la nature, etc.)

175. Les organisateurs agraires ont le droit de faire appel, s'ils le jugent bon, à des témoins d'acte du dehors, jouissant de la confiance [publique], pour [apporter] un témoignage digne de foi sur tout ce qui se passe lors de l'organisation agraire.

CHAPITRE II

Paiement des frais d'organisation agraire

176. Pour l'exécution des opérations d'organisation agraire, les institutions d'organisation agraire font payer une taxe spéciale aux parties dans l'intérêt desquelles ces opérations sont effectuées. Dans le cas d'exécution d'opérations en forme obligatoire, aux fins de constituer des fonds agraires d'affectation spéciale (migration, concession, etc.), les frais d'organisation agraire sont imputés sur les ressources locales ou générales, d'après l'affectation du fonds constitué.

Remarque. — Le montant des sommes à provenir en paiement d'exécution d'opérations d'organisation agraire, leur mode de perception, de garde et d'emploi sont établis par des règlements spéciaux.

177. Les participants à l'organisation agraire sont tenus, en sus du paiement pour l'exécution d'opérations d'organisation agraire, de fournir aux organisateurs agraires :

a) Des locaux convenables d'habitation et de travail;

b) Le matériel [nécessaire] pour les travaux et l'aménagement des signes d'abornement;

c) Les chariots pour le transport des instruments et du matériel nécessaires aux travaux d'organisation agraire;

d) La force ouvrière nécessaire.

178. Les prestations indiquées à l'article précédent

sont réparties entre les participants à l'organisation agraire au prorata des superficies de terres organisées pour eux et selon la nature des opérations à effectuer. Si les participants à l'organisation agraire et pour qui celle-ci est effectuée en forme obligatoire (art. 166, parag. *b*) se refusent à supporter volontairement les frais d'organisation agraire, les frais nécessaires sont recouvrés sur les parties par la voie administrative, dans la proposition ci-dessus indquée.

Chapitre III

Mode d'exécution des affaires d'organisation agraire

179. Les affaires d'organisation agraire sont effectuées dans l'ordre suivant :

1º Introduction de l'affaire d'organisation agraire;

2º Préparation de l'affaire d'organisation agraire, établissement d'un projet d'organisation agraire et sa présentation à ceux qui participent à cette organisation;

3º Approbation du projet d'organisation agraire et sa mise à exécution, avec installation, sur les lieux, des signes d'abornement;

4º Etablissement et remise aux parties des documents d'organisation agraire.

180. L'affaire d'opérations agraires à effectuer sur l'initiative des parties intéressées est introduite, sur demandes écrites de celles-ci à ce sujet, devant les institutions d'organisation agraire; quant aux opéra-

tions agraires, elles sont effectuées sur l'initiative des institutions d'organisation agraire et ne sont ouvertes qu'en vertu d'une décision prise spécialement par elles à cet effet.

Remarque. — Les usufruitiers travailleurs de la terre peuvent présenter aussi en forme verbale des demandes d'organisation agraire. Dans ce cas, les demandes sont exposées devant des fonctionnaires de l'organisation agraire munis de pouvoirs à cette fin, et sont enregistrées par eux.

181. Les demandes en exécution d'opérations d'organisation agraire pour des terres de jouissance travailleuse, ainsi que pour des terres d'organisations, établissements et entreprises ayant un intérêt [régional] de district, sont déposées dans les institutions agraires de district. Les demandes en organisation d'usufruits agraires d'intérêt [régional] de *gouvernement* ou d'intérêt général d'Etat sont introduites devant les institutions d'organisation agraire de *gouvernement* ou les [institutions] centrales, selon le cas.

182. Les institutions d'organisation agraire peuvent refuser l'exécution de l'organisation agraire, si les parties demandent l'exécution d'opérations agraires contraires aux exigences de la loi ou reconnues non justifiées par lesdites [institutions], pour des raisons d'exploitation ou de production. Le recours contre ce refus peut être introduit dans un délai de deux semaines devant l'instance [immédiatement] supérieure.

183. La partie qui a introduit la demande en exécution d'opérations d'organisation agraire a le droit de demander l'arrêt de l'affaire, à quelque stade qu'elle en soit, à la condition de payer en ce cas

les frais des opérations effectuées jusqu'à l'arrêt de l'affaire. Toutefois l'exécution de l'affaire doit se poursuivre, si le projet d'organisation agraire était déjà approuvé quand la demande en arrêt [de l'affaire] a été faite par la partie, ou si l'un quelconque des autres participants à l'organisation agraire insiste pour la suite de l'affaire. En ce cas, la partie qui a renoncé est tenue également de participer aux frais d'organisation agraire, sur les bases générales, si l'organisation agraire a été effectuée sur ses terres en même temps que celle des terres d'autres parties.

184. La préparation d'une affaire d'organisation agraire consiste à établir l'effectif des terres soumises à l'organisation agraire (territoires de répartition), à étudier, au point de vue de l'exploitation et [au point de vue] technique, la région à organiser, à déterminer les droits agraires, à dégager les desiderata, en fait d'organisation agraire, des participants à cette organisation, et à dresser un avant-projet d'une organisation la plus régulière et la plus rationelle possible de la région donnée.

En achèvement de cette préparation de l'affaire, l'arpenteur-organisateur agraire établit un rapport (avec les dessins explicatifs nécessaires), le présente aux participants à l'organisation agraire, puis le soumet, accompagné de toutes leurs demandes et plaintes, à l'institution d'organisation agraire correspondante.

Remarque. — Des agronomes, des hydrotechniciens et autres spécialistes sont appelés, en cas de besoin, à participer à la préparation de l'affaire.

185. Après examen du rapport présenté par l'ar-

penteur-organisateur agraire sur la préparation de l'affaire, et après solution des litiges et des plaintes, l'institution d'organisation agraire émet [soit] une décision exécutive, soit une décision de renvoi de l'affaire pour supplément d'instruction, en indiquant, dans ces cas, les compléments nécessaires; ou encore, au cas où il apparaîtrait que l'affaire ne répond pas aux buts de l'organisation agraire, ladite institution décide qu'il n'y sera pas donné suite.

Remarque. — Les institutions d'organisation agraire ont le droit de confier aux arpenteurs-organisateurs agraires, immédiatement après la préparation des affaires, [et] sans vérification préalable par lesdites institutions, l'établissement et l'exécution des projets d'organisation agraire.

186. L'établissement d'un projet d'organisation agraire consiste à indiquer en détail et exactement les lieux d'attribution des terres à ceux qui ont part à l'organisation agraire, avec sauvegarde de leurs droits et de leurs intérêts légaux, observation des prescriptions des règlements économico-techniques d'organisation agraire, et avec représentation figurée de l'attribution des terres sur le plan-projet d'organisation agraire. Les limites projetées des terres sont marquées sur place par des signes provisoires, et, en l'absence de contestations et de plaintes, confirmées par des signes d'abornement permanents.

187. Le projet d'organisation agraire qui a été établi est présenté aux parties sur plan et au naturel, avec rédaction d'un procès-verbal spécial. L'arpenteur-organisateur agraire est tenu d'employer tous ses efforts à concilier les desiderata des parties, — non

toutefois au détriment des exigences de l'organisation agraire, — en apportant à son projet, en cas de besoin, les changements et amendements opportuns.

188. Les litiges, demandes et plaintes des parties qui n'ont pu être écartés figurent sur un procès-verbal de présentation du projet d'organisation agraire, et toute la procédure de l'affaire est soumise par l'arpenteur-organisateur agraire, avec ses conclusions et ses projets de solution des litiges, à l'institution d'organisation agraire, dans un délai d'une semaine au plus après la présentation du projet.

Remarque. — Les litiges et plaintes des parties convoquées dans la forme établie à la présentation du projet ne peuvent être présentés aux organisateurs agraires et aux institutions d'organisation agraire que pendant deux semaines à compter du jour de la présentation du projet.

A l'expiration du délai indiqué, les litiges et les plaintes concernant le projet présenté ne sont plus admis à examen, sauf dans les cas où, par suite de circonstances nouvelles qui viendraient à se révéler concernant le projet, les plaintes peuvent être déposées indépendamment du délai établi par la présente remarque.

Rédaction de l'ordonnance du V. TS.I.K. du 20 février 1924 (*Recueil des Lois,* nᵒ 20, art. 197, et nᵒ 79, art 789).

189. L'institution d'organisation agraire examine la procédure concernant l'affaire, et les litiges, plaintes introduits par les parties en corrélation avec la présentation du projet; elle ordonne soit l'approbation du projet pour mise à exécution en sa forme primitive ou sous une forme amendée, soit la refonte

du projet, en indiquant, dans ce cas, les changements
à y apporter.

190. La mise à exécution du projet d'organisation agraire consiste à consolider les limites projetées sur place des usufruits agraires par des signes
d'abornement permanents, si cette confirmation n'a
pas été effectuée lors de la présentation du projet.

191. Après son exécution régulière, le projet d'organisation agraire est définitivement ratifié par l'institution d'organisation agraire. En ce cas, la décision de ratification définitive du projet d'organisation agraire mis à exécution doit spécifier, avec les
renvois voulus au plan-projet:

a) A quelle date, en quelle région, en vertu de
quelle décision des opérations d'organisation agraire,
— et lesquelles exactement — ont été effectuées;

b) Quelles terres (nature, quantité, situation et
limites) sont attribuées, à quelles personnes et pour
quels besoins;

c) A quelle date, en quelle forme, avec l'observation de quelles conditions les parties devront accé-
der à la jouissance des terres dans les limites nouvelles établies lors de l'organisation agraire;

d) Quelles conditions, charges, et quels pouvoirs
spéciaux sont établis pour les usufruitiers de la terre
en corrélation avec la jouissance des terres qui leur
auront été remises d'après le projet ratifié d'organisation agraire;

e) Comment sont répartis entre les participants
les frais afférents à l'organisation agraire;

f) A qui et par qui doivent être payées les indemnités — et lesquelles — en compensation des

débours et des améliorations effectués pour la terre attribuée lors de l'organisation agraire et restés inutilisés par les usufruitiers agraires antérieurs.

192. Après ratification définitive des projets d'organisation agraire par les institutions d'organisation agraire, les documents certifiés requis sont établis, puis, après inscription d'Etat des usufruits agraires constitués (enregistrement agraire), remis aux personnes ayant part à l'organisation agraire. Dans lesdits documents doivent être spécifiées les limites, la situation, la superficie et la composition des usufruits agraires; ils doivent indiquer également les noms, les dénominations des usufruitiers agraires, la date d'exécution de l'organisation agraire, les conditions de l'usufruit agraire et autres renseignements essentiels contenus dans la décision de ratification du projet d'organisation agraire.

193. Les plans de toute nature et autres actes instrumentaires d'organisation agraire, établis sans passer par les institutions d'organisation agraire ou non dûment certifiés par elles, sont réputés nuls et ne peuvent servir de preuve de la légalité d'un usufruit agraire qui aurait eu lieu en vertu desdits [plans et actes].

TITRE II

De l'inscription d'Etat des usufruits agraires
(Enregistrement agraire)

194. L'inscription d'Etat des usufruits agraires (enregistrement agraire) a pour but, — dans l'intérêt de

l'administration générale d'Etat des terres, ainsi que pour les besoins des différentes branches de l'économie populaire, et pour la protection des droits et des intérêts des usufruitiers agraires, — de réunir et de conserver, sous une forme systématique et visible, des renseignements sûrs et actuels sur la situation légale et économique de tous les usufruits agraires. Dans le but sus-indiqué, l'enregistrement agraire contient les renseignements suivants sur chaque lot de terre :

a) Situation et désignation du lot de terre, quantité de terre qui s'y trouve, toute la terre en général, ou biens fonciers séparés; — constructions et installations d'exploitation les plus importantes;

b) Dénomination des usufruitiers agraires, et bases sur lesquelles les lots ont été octroyés aux usufruitiers agraires;

c) Renseignements sur les pouvoirs et les charges spécialement liés à l'exploitation du lot;

d) Autres renseignements dont l'inclusion dans l'enregistrement sera prévue par des dispositions ultérieures.

195. L'enregistrement agraire d'Etat se divise en : [enregistrement] fondamental, consistant en un fonds premier, mis à jour, de cartes et de registres; et en [enregistrement] courant, ayant pour objet l'inscription en temps voulu sur les actes d'enregistrement des changements survenus au cours du temps dans la situation légale, économique et naturelle des lots de terre.

196. L'enregistrement agraire est effectué pour cha-

que *volost* séparément; à cet effet, les actes suivants sont dressés :

a) Carte générale des usufruits agraires de la *volost* ;

b) Cartes des différents villages;

c) Registre (liste) générale des usufruitiers agraires pour la *volost* ;

d) Registre des lots d'*ousadba* de tous les villages de la *volost* ;

e) Registre des communautés agraires de la *volost*.

197. L'enregistrement est obligatoire, dans les limites de la *volost*, pour tous les lots de terre séparés sans exception; mais la terre qui se trouve en jouissance commune est enregistrée comme lot unique, sans partage entre les usufruitiers agraires individuels.

198. Doivent faire l'objet d'une mention spéciale dans les actes d'enregistrement, pour chaque usufruit agraire :

a) Les décisions d'exécution de l'organisation agraire et de ratification des projets d'organisation agraire, émises par les institutions d'organisation agraire;

b) L'occupation travailleuse de la terre;

c) L'extinction du droit à la terre donnée en usufruit travailleur;

d) Les modifications [survenues] dans la composition des terres qui sont en la jouissance de la communauté agraire; l'entrée de nouveaux *dvors* du dehors dans la communauté; les *dvors* qui sortent de la communauté; statuts des communautés agraires et modification de ces statuts; décisions des communautés agraires sur le choix et le changement du mode de jouissance de la terre, sur les réallotissements généraux, sur le retrait ou l'attribution compensatoire de *nadiel* ;

e) Partage des économies agricoles travailleuses (*dvors*); remplacement des chefs de maison, contrats d'affermage travailleur des terres;

f) Naissance de litiges au sujet des terres et décisions définitives des commissions agraires sur ces litiges;

g) Etablissement et renouvellement des limites;

h) Tous autres actes dont l'enregistrement obligatoire sera établi par des règles ultérieures.

199. L'accomplissement de l'enregistrement incombe au Commissariat du Peuple pour l'Agriculture et à ses organes locaux.

200. Les organes de l'enregistrement agraire assument la responsabilité légale de l'exactitude des renseignements contenus dans les actes d'enregistrement et dans les copies délivrées de ces actes; ces renseignements doivent être tenus pour constants par toutes institutions et [toutes] personnes privées, tant que la preuve du contraire n'aura pas été administrée dans la procédure d'examen des litiges agraires.

201. Il est constitué, auprès des organes centraux et locaux de l'enregistrement agraire, des archives agraires où, sur la demande desdits organes, toutes les institutions [agraires] font parvenir, pour y être conservés, les [dossiers d'] affaires agraires antérieurement liquidées, les actes et plans, de même que [les dossiers de] toutes les affaires nouvelles des institutions agraires, au fur et à mesure de leur achè-

vement. De plus, les originaux des [dossiers d'] affaires, actes, plans, ne peuvent être communiqués hors des archives agraires que sur la demande des institutions d'organisation agraire et [des institutions judiciaires, et doivent être retournés dans les archives dès que la nécessité [de la communication] aura pris fin. Les fonctionnaires coupables d'avoir égaré des documents agraires sont astreints, par la voie administrative, à payer le coût de la reconstitution de ces documents.

202. Lors de l'accomplissement de l'enregistrement, tous les usufruitiers agraires et [tous] les établissements sont tenus de produire tous les titres qu'ils possèdent à la jouissance de la terre, ainsi que de communiquer tous renseignements exigés pour l'enregistrement. Les usufruitiers agraires qui ne remplissent par ces obligations sont passibles d'une amende et du paiement des frais que leur négligence aura entraînés pour l'organe d'enregistrement.

203. Les institutions d'organisation agraire (y compris les commissions agraires) sont tenues d'envoyer aux organes d'enregistrement, dans un délai maximum de deux semaines, toutes leurs dispositions et décisions — après leur entrée en vigueur légale, — aux fins d'inscription dans les actes d'enregistrement et de délivrance ultérieure aux intéressés. Cette délivrance n'est effectuée par les organes d'enregistrement qu'immédiatement après que ceux-ci ont reçu ces envois des institutions agraires.

204. L'enregistrement des usufruits agraires qui n'exigent pas d'organisation agraire est joint à la détermination de leur étendue, de leur composition

et de leurs limites et à la consolidation de ces dernières, en cas de nécessité, par des signes d'abornement : à cette fin des arpenteurs-organisateurs agraires sont envoyés sur les lieux. L'emplacement de la limite est alors fixé par l'arpenteur-organisateur agraire, avec convocation des parties, d'après la jouissance de fait incontestée, et — en l'absence de celle-ci, — par accord entre les usufruitiers agraires limitrophes; dans les cas litigieux, — sur la base des documents. La même procédure s'applique au renouvellement des signes d'abornement, en cas de destruction ou de perte.

Remarque. — Au cas où il serait impossible, par suite d'absence ou d'insuffisance de preuves, de fixer la limite litigieuse d'un usufruit agraire entre des communautés agraires limitrophes, la surface de terrain contestée est partagée entre lesdites communautés au prorata du nombre de consommateurs qu'elles comptent et de leurs ressources agraires.

205. Pour l'accomplissement de l'enregistrement agraire, ainsi que pour la délivrance d'informations, de renseignements et d'extraits s'y rapportant, les parties intéressées ont à payer une somme d'après une taxe spécialement établie.

TITRE III

Du mode d'examen des contestations agraires

206. Pour la solution des litiges concernant les affaires agraires, il est institué des commissions agraires : de *volost*, de district, de *gouvernement ;* dans

ces commissions agraires, les affaires sont examinées en la forme de la procédure contentieuse.

Remarque 1. — Pour les régions où, à la place de l'ancienne division administrative, a été instaurée, sous forme de constitution de rayons, la division en rayons et *okrouga*, les commissions agraires de *volost* et de district sont remplacées par les commissions agraires de rayon et *d'okroug*, et celles de *gouvernement* par les commissions agraires de région (de région frontière).

Adoptée par le V. TS. I. K. et le S. N. K. en la forme de l'article 2 de l'ordonnance du 1ᵉʳ décembre 1924 sur la procédure de modification des Codes (Recueil des Lois, 1924, n° 89, art. 907) [et] ratifiée par le V. TS. I. K. à la 3ᵉ session de la XIᵉ législature le 5 mai 1925 (Recueil des Lois, 1925, n° 29, art. 207). Insérée dans le Recueil des Codes, éd. 1925, p. 226.

Remarque 2. — Dans les localités prévues par la Remarque 1, les comités exécutifs de région (de région frontière) ont la faculté, pour examiner les affaires agraires litigieuses, d'ouvrir, dans les villes *d'okroug* des sessions permanentes de la commission agraire de région (de région frontière), ainsi que d'organiser des sessions temporaires ambulantes.

Adoptée par le V. TS. I. K. et le S. N. K. en la forme de l'article 2 de l'ordonnance du 1ᵉʳ décembre 1924 sur la procédure de modification des Codes (Recueil des Lois, 1924, n° 89, art. 907) [et] ratifiée par le V. TS. I. K. à la 3ᵉ session de la XIᵉ législature le 5 mai 1925 (Recueil des Lois, 1925, n° 29,

art. 207). Insérée dans le Recueil des Codes, éd. 1925,
p. 226.

207. Sont soumises à la compétence des commissions agraires toutes les affaires litigieuses qui naissent à l'occasion de l'organisation agraire, ainsi que tous les litiges relatifs aux droits à la jouissance de la terre, tels que : — jouissance collective ou individuelle de la terre, partages et attributions de terres de la communauté, réallotissements généraux et partiels de la terre; privation totale ou partielle de la terre qui est en leur jouissance, infligée aux usufruitiers dans les cas établis par la loi; modification de l'étendue, des limites, de la situation et de la composition de l'usufruit agraire (organisation agraire, amendement, construction de chemins, aliénation pour nécessités d'Etat et [nécessités] publiques, etc.); partages familiaux, pour la partie qui concerne le partage de la terre; et autres litiges relatifs à la jouissance de la terre. En outre, la ratification de tous les projets d'organisation agraire sans exception rentre dans la compétence des commissions agraires.

Adopté par le V. TS. I. K. et le S. N. K. en la forme de l'article 2 de l'ordonnance du 1ᵉʳ décembre 1924 sur la procédure de modification des Codes (Recueil des Lois, 1924, n° 89, art. 907) [et] ratifié par le V. TS. I. K. à la 3ᵉ session de la XIᵉ législature le 5 mai 1925 (Recueil des Lois, 1925, n° 29, art. 207). Inséré dans le Recueil des Codes, éd. 1925, p. 226.

208. Nuls organes de la République, hormis ceux indiqués dans la présente Ordonnance, n'ont le droit

d'évoquer devant eux les litiges agraires et de s'immiscer dans leur examen, de suspendre l'exécution, de modifier ou d'annuler les décisions émises par ces organes.

209. Les commissions agraires de *volost* et de rayon sont instituées auprès des comités exécutifs correspondants et comprennent : un président pris parmi les membres du comité exécutif sur la désignation de celui-ci, — et deux membres; les membres de la commission agraire de *volost* sont élus à l'assemblée des soviets de *volost*; dans les commissions agraires de rayon, un des membres est élu par l'assemblée des soviets de rayon, l'autre est désigné par l'organe agraire d'*okroug* parmi les organisateurs agraires. Pour remplacer les membres absents, les candidats [suppléants] sont élus dans les mêmes formes. Tous les membres des commissions agraires et leurs suppléants sont confirmés par le comité exécutif correspondant, à l'instance [immédiatement] supérieure.

Adopté par le V. TS. I. K. et le S. N. K. en la forme de l'article 2 de l'ordonnance du 1ᵉʳ décembre 1924 sur la procédure de modification des Codes (Recueil des Lois, 1924, nᵒ 89, art. 907) [et] ratifié par le V. TS. I. K. à la 3ᵉ session de la XIᵉ législature le 5 mai 1925 (Recueil des Lois, 1925, nᵒ 29, art. 207). Inséré dans le Recueil des Codes, éd. 1925, pp. 226-227.

Remarque. — En cas de non-confirmation réitérée des supléants proposés pour confirmation, les comités exécutifs de district ([ou] d'*okroug*) arrêtent comme ils l'entendent la composition des commissions agraires |de *volost* ([ou] de rayon).

Rédaction de l'ordonnance du V. TS. I. K. et du S. N. K. du 6 avril 1925 (*Recueil des Lois*, 1925, n° 21, art. 157 et n° 29, art. 207).

210. Les commissions agraires de district, d'*ok-roug*, de *gouvernement* et de région (d|e région frontière) sont instituées auprès des organes agraires correspondants et comprennent un président et deux membres. Dans les sessions permanentes des commissions agraires de région (de région frontière) les vice-présidents font fonction de présidents.

*Adopté par le V. TS. I. K. et le S. N. K. en la forme de l'article 2 de l'ordonnance du 1*er *décembre 1924 sur la procédure de modification des Codes (Recueil des Lois, 1924, n° 89, art. 907) [et] ratifié par le V. TS. I. K. à la 3*e *session de la XI*e *législature le 5 mai 1925 (Recueil des Lois, 1925, n° 29 art. 207). Inséré dans le Recueil des Lois, éd. 1925, p. 227).*

211. Les présidents des commissions agraires énumérées à l'article 210 sont élus par le comité exécutif correspondant; leurs membres sont : le chef de la sous-section correspondante d'organisation agraire et un juge populaire désigné par le Tribunal de *Gouvernement* ou de Région (de Région frontière). Des remplaçants leur sont désignés dans les mêmes formes pour siéger à leur place en cas d'absence. Tous les membres des commissions agraires et leurs remplaçants sont confirmés par les comités exécutifs, sur présentation des organes correspondants.

Adopté par le V. TS. I. K. et le S. N. K. en la forme de l'article 2 de l'ordonnance du 1er décembre 1924 sur la procédure de modification des Codes (Recueil des Lois, 1924, no 89, art. 907) [et] ratifié par le V. TS. I. K. à la 3e session de la XIe législature le 5 mai 1925 (Recueil des Lois, 1925, no 29, art. 207). Inséré dans le Recueil des Codes, éd. 1925, p. 227.

212. Tous les membres des commissions agraires jouissent, dans l'exercice de leur charge judiciaire, des droits des juges populaires. Les membres élus des commissions agraires sont élus pour un an.

213. Tous les litiges qui naissent dans les limites de la *volost* ou du rayon, au sujet des droits à la jouissance de la terre, [droits] de personnes isolées, de *dvors* ou de communautés agraires, sont soumis à la juridiction des commissions agraires de *volost* ou de rayon.

Adopté par le V. TS. I. K. et le S. N. K. en la forme de l'article 2 de l'ordonnance du 1er décembre 1924 sur la procédure de modification des Codes (Recueil des Lois, 1924, no 89, art. 907) [et] ratifié par le V. TS. I. K. à la 3e session de la XIe législature le 5 mai 1925 (Recueil des Lois, 1925, no 29, art. 207). Inséré dans le Recueil des Codes, éd. 1925, p. 227.

214. Sont soumis à la juridiction des commissions agraires de district et d'*okroug* :

a) Tous les litiges agraires qui naissent lors de l'organisation agraire;

b) Les litiges qui naissent en ce qui concerne la jouissance des biens agraires d'Etat;

c) Les litiges relatifs à l'organisation agraire dans lesquels interviennent, ne serait-ce que comme l'une des parties, des établissements d'Etat ou d'utilité publique;

d) La ratification de tous les projets d'organisation agraire sans exception, sur les conclusions des organes d'administration agraire.

Adopté par le V. TS. I. K. et le S. N. K. en la forme de l'article 2 de l'ordonnance du 1ᵉʳ décembre 1924 sur la procédure de modification des Codes (Recueil des Lois, 1924, nᵒ 89, art. 907) [et] ratifié par le V. TS. I. K. à la 3ᵉ session de la XIᵉ législature le 5 mai 1925 (Recueil des Lois, 1925, nᵒ 29, art. 207). Inséré dans le Recueil des Codes, éd. 1925, p. 227.

215. A la juridiction des commissions agraires de *gouvernement* et de région (de région frontière) sont soumises, dans la procédure de cassation, les affaires soumises à la juridiction des commissions agraires de *volost*, de rayon, de district, et d'*okroug*.

Adopté par le V. TS. I. K. et le S. N. K. en la forme de l'article 2 de l'ordonnance du 1ᵉʳ décembre 1924 sur la procédure de modification des Codes (Recueil des Lois, 1924, nᵒ 89, art. 907) [et] ratifié par le V. TS. I. K. à la 3ᵉ session de la XIᵉ législature le 5 mai 1925 (Recueil des Lois, 1925, nᵒ 29, art. 207). Inséré dans le Recueil des Codes, éd. 1925, p. 227.

216. Le mode d'examen des affaires dans les commissions agraires, la récusation de leurs membres, la représentation des parties, la convocation des témoins et des experts, leur rémunération, les suites de

leur non-comparution, etc., sont fixés par des règlements correspondants établis pour l'examen des affaires agraires dans les Tribunaux Populaires.

217. Les recours contre les décisions des commissions agraires sont introduits par l'intermédiaire de la commission agraire qui a rendu la décision, objet dudit recours, dans un délai maximum de deux semaines à compter du jour de la publication de la décision en forme définitive. La commission qui a rendu la décision soumet les recours, en même temps que l'affaire, à l'instance supérieure dans un délai maximum de deux semaines après leur dépôt. Les recours en atermoiement et non-acceptation de la requête sont présentés directement à l'instance supérieure.

218. Les décisions des commissions agraires ne peuvent être mises à exécution avant l'expiration du délai de recours soit pour le fond, soit en cassation. Le dépôt de ces recours suspend l'exécution jusqu'à solution définitive de l'affaire.

219. Les requêtes en rétablissement du délai [de recours], au cas où le requérant l'aurait laissé passer, [et ce] pour une raison valable, sont examinées par la même commission agraire à la décision de laquelle est présenté le recours. Le recours contre le refus d'acceptation de la requête en rétablissement du délai [de recours] est effectué selon la procédure du recours contre les décisions des commissions agraires.

220. Le contrôle supérieur pour les affaires agraires litigieuses et l'examen des recours en cassation contre les décisions des commissions agraires de *gouver-*

nement sont effectués par le Commissariat du Peuple pour l'Agriculture conjointement avec le Commissariat du Peuple pour la Justice dans le Collège Spécial de Contrôle Suprême pour les litiges agraires; le président du Collège et les deux autres membres sont confirmés par le Bureau du Comité Exécutif Central Panrusse : le président et un des membres — sur avis conforme du Commissariat du Peuple pour l'Agriculture, l'autre membre — sur la proposition du Commissariat du Peuple pour la Justice.

220 *a*. — Le Collège Spécial de Contrôle Suprême pour les litiges agraires est chargé de l'inspection et de l'instruction technique de toutes les commissions agraires de *gouvernement* et de région (de région frontière) dans les limites de leur *gouvernement* et de leur région.

Adopté par le V. TS. I. K. et le S. N. K. en la forme de l'article 2 de l'ordonnance du 1er décembre 1924 sur la procédure de modification des Codes (Recueil des Lois, 1924, n° 89, art. 907) [et] ratifié par le V. TS. I. K. à la 3e session de la XIe législature le 5 mai 1925 (Recueil des Lois, 1925, n° 29, art. 207). Inséré dans le Recueil des Codes, éd. 1925, p. 228.

221. Le Commissariat du Peuple pour l'Agriculture, d'accord avec le Commissariat du Peuple pour la Justice, a le droit de promulguer, pour servir de guides aux commissions agraires, des règlements d'application du présent titre.

TITRE IV

De l'émigration [paysanne]

222. L'émigration [intérieure] (1) et l'exploration [*khodatchestvo*] (2) pour la visite préalable et le choix des terres, sont chose libre et volontaire; dans des cas exceptionnels seulement, les comités exécutifs de *gouvernement* ont le droit, sur la proposition des directions agraires de *gouvernement*, ratifiée par le Commissariat du Peuple pour l'Agriculture, de déclarer l'émigration obligatoire; celle-ci, toutefois, ne peut être réalisée que dans les cas où les ressources nécessaires — [ressources] générales d'Etat ou locales — auront été fournies pour les frais d'émigration et d'organisation agraire [et] agricole des émigrants.

223. L'émigration à l'intérieur du territoire de la Fédération des Soviets de Russie est placée sous la direction du Commissariat du Peuple pour l'Agriculture, sur la proposition duquel l'émigration dans telles ou telles régions est ouverte ou fermée, en vertu d'ordonnances du Comité Exécutif Central Pan-russe.

224. Le Commissariat du Peuple pour l'Agricul-

1. [Entendre : émigration intérieure, d'une partie ou d'une région du pays à une autre. Voir art. 7 de l'Ordonnance, p. 67.]

2. [Mot formé sur le substantif *khodok*. Le *khodok* (littéralement : « marcheur, bon marcheur ») est un homme de confiance, envoyé par les paysans qui veulent émigrer, pour se rendre sur les lieux, examiner et choisir les terres de colonisation.]

ture de la R. S. F. S. R. est chargé, selon la procédure de direction générale de l'émigration conformément à l'article précédent, de diriger et de contrôler l'œuvre d'émigration, d'élaborer des plans d'émigration, de constituer et de préparer un fonds de terre pour l'émigration, d'organiser le départ, le déplacement et l'installation des émigrants, ainsi que de prendre toutes mesures nécessaires pour le financement de l'émigration, et d'édicter des règlements détaillés sur les conditions et le mode de celle-ci.

225. En vertu des lois spéciales actuellement en vigueur ou qui seront promulguées ultérieurement, les émigrants et les colons établis sur divers points, — pour autant que l'émigration et l'établissement sont effectués avec l'autorisation requise et dans les formes à ce établies, — reçoivent des avantages tels que: dispense totale ou partielle de l'accomplissement de charges générales d'Etat ou locales (service militaire, [service d'] impôt, etc.) pendant les premières années d'organisation sur de nouveaux lieux, — et d'autres avantages en vue de leur venir en aide lors de leur installation sur de nouveaux lieux.

226. L'établissement [sur divers points] d'une population agricole sur le territoire de régions déjà habitées, le départ pour des *khoutora* ou des hameaux de colonisation dans le but de rapprocher les cultivateurs des terres travaillées par eux s'effectuent dans les formes de l'organisation agraire; ils sont prévus par des projets d'organisation agraire et imputés sur les ressources des cultivateurs et de leurs unions intéressés à cet établissement.

Remarque. — Le mode et les conditions de l'aide

aux émigrants et aux colons établis sur divers points, de la part des communautés du sein desquelles ils émigrent, sont fixés dans des règlements spéciaux promulgués par le Commissariat du Peuple pour l'Agriculture, d'accord avec les départements compétents.

CODE FORESTIER DE LA R. S. F. S. R.

Ordonnance du bureau du Comité
Exécutif Central Panrusse

*Sur la mise en application du Code Forestier
adopté à la IIe session de la Xe législature
le 7 juillet 1923*

En exécution de l'ordonnance du Xe Congrès Panrusse des Soviets sur les mesures propres à renforcer
et à développer l'agriculture (parag. 2) et en vue
d'asseoir l'exploitation forestière d'Etat sur des bases
solides, qui assurent le bois nécessaire à la population travailleuse, aux besoins de l'Etat et à l'industrie
forestière, le Bureau du Comité Exécutif Central Panrusse dispose :

1. Le Code Forestier sanctionné à la 2e session du
Comité Exécutif Central Panrusse de la Xe législature
le 7 juillet 1923 entre en vigueur à dater du
1er août 1923.

2. Le Conseil des Commissaires du Peuple est
chargé de dresser et de sanctionner la liste des lois
dont la mise en vigueur du Code Forestier entraîne
l'abrogation.

3. Le Commissaire du Peuple pour l'Agriculture
devra, dans un délai de deux ans [et] en la forme
prévue au Code, rechercher puis remettre aux usufruitiers agraires travailleurs les parcelles forestières
d'intérêt local, et les terrains ne présentant pas de

valeur pour l'exploitation forestière, en vue de transformer ces derniers en biens fonciers agricoles pour satisfaire les besoins de cette même population.

Signé : *Pour le Président du Comité Exécutif Central Panrusse :* P. SMIDOVITCH.

Pour le Secrétaire du Comité Exécutif Central Panrusse : A. ENOUKIDZÉ.

25 juillet 1923.

Publié dans le *Recueil des Lois*, 1923, nᵒ 58, art. 564.

CODE FORESTIER DE LA R. S. F. S. R.

Recueil des Lois, 1924, n° 58, art. 564.

TITRE I

Dispositions fondamentales

1. Toutes les forêts et tous les terrains destinés au boisement et aux besoins de l'exploitation forestière, une fois séparés par délimitation — dans les formes à ce établies — des terres d'autre destination, constituent la propriété de l'Etat Ouvrier et Paysan et forment un fonds forestier d'Etat unique.

2. Peuvent être exclues du fonds forestier d'Etat pour être transférées au fonds agraire les surfaces suivantes qui n'ont pas le caractère de forêts à conserver :

a) Les parcelles forestières acquises par les communautés et associations paysannes au temps d'avant la Révolution en vue d'élargir l'usufruit agraire à elles octroyé en la forme légale pour le même objet avant la publication du Code Forestier;

b) Les surfaces forestières de minime importance enclavées dans les terres d'usufruit travailleur et constituant des incommodités pour l'exploitation agricole.

Remarque. — L'exclusion des terrains du fonds

forestier d'Etat est effectuée par le commissariat du Peuple pour l'Agriculture correspondant.

3. Les surfaces exclues du fonds forestier d'Etat et devant être transférées au fonds agraire (art. 2) avec la végétation arborescente qui s'y développe passent sous l'administration des institutions d'organisation agraire et sont octroyées par elle aux usufruitiers agraires sur les bases et aux conditions prévues par le Code Agraire.

Remarque. — Le bois de type commerçable qui croît sur les terrains exclus du fonds forestier [d'Etat] est réalisé par les organes forestiers du Commissariat du Peuple pour l'Agriculture correspondant sur les bases générales.

4. Le fonds forestier d'Etat se divise en :

a) forêts d'intérêt local;

b) forêts d'intérêt général d'Etat.

TITRE II

Forêts d'intérêt local

5. Sont rangées dans la catégorie dès forêts d'intérêt local les parcelles forestières situées en dehors des gros massifs forestiers, à savoir :

a) Les anciens lots [*nadiels*] des paysans, des communautés [rurales] et des colons-émigrants;

b) Les bois qui étaient en la possession paysanne par *dvors* (*otrouba, khoutora*);

c) Les autres bois qui, avant la nationalisation des forêts, appartenaient aux communautés rurales et aux associations de paysans, et se trouvaient en leur jouissance pour exploitation ou défrichement, et qui n'avaient pas d'intérêt général d'Etat.

Remarque 1. — Dans les forêts du Nord, dans les régions à surface boisée dépassant 50 0/0 où il n'y avait pas de bois de possessions paysannes, il peut être prélevé, sur les forêts d'intérêt d'Etat, des parcelles forestières destinées exclusivement à pourvoir du bois nécessaire les unions travailleuses, à raison de deux déciatines (1) au plus par âme.

Remarque 2. — Les parcelles forestières qui retiennent les sables mouvants, protègent les berges des cours d'eau contre les affouillements, les pentes des montagnes contre les éboulements et arrêtent le développement des ravines (art. 41 du Code Forestier) ne sont pas comprises dans le nombre des forêts d'intérêt local spécifiées à l'article 5.

6. Les projets d'attribution [par prélèvement] de bois d'intérêt local sont établis par les directions agraires de *gouvernement* et, sur conclusions conformes des conférences économiques de *gouvernement*, sont ratifiés par le Commissariat du Peuple pour l'Agriculture correspondant.

7. Les forêts d'intérêt local, une fois reconnues comme telles par le Commissariat du Peuple pour l'Agriculture correspondant, sont remises par les organes agraires de *gouvernement* en jouissance illimitée : — aux communautés agraires, aux *communes* et *artels* agricoles, aux autres unions de tout genre de travailleurs usufruitiers de la terre, ainsi qu'à des usufruitiers individuels, — sur la base de règles et

---

1. [La déciatine égale une surface de 1.09 hectare.]

de conditions spéciales élaborées par le Commissariat du Peuple pour l'Agriculture correspondant.

8. Aux usufruitiers forestiers à la gestion desquels sont transférées les forêts d'intérêt local incombent :

a) La préservation des forêts contre les incendies de forêts, contre les coupes faites sans autorisation et le pâturage irrégulier ;

b) L'observation du plan d'exploitation forestière sanctionné par l'organe forestier de *gouvernement*.

9. L'exploitation dans les forêts d'intérêt local se fait d'après des plans simplifiés, établis conformément à une instruction spéciale du Commissariat du Peuple pour l'Agriculture correspondant aux frais des usufruitiers forestiers ; la surveillance de l'exécution de ces plans incombe aux organes forestiers de *gouvernement*.

10. Une exploitation forestière faite irrégulièrement dans les parcelles forestières attribuées aux usufruitiers forestiers est punie conformément à la loi pénale.

11. Le nettoiement de forêts d'intérêt local et leur conversion en d'autres biens fonciers peuvent être autorisés sur les bases et dans les formes indiquées aux articles 59, 62 du Code Forestier.

12. De petites forêts peuvent être attribuées pour pourvoir les exploitations soviétiques du bois qui leur est nécessaire, si elles se trouvent sur le territoire desdites exploitations soviétiques ou y sont contiguës. Le mode d'exploitation, de police et de conservation de ces forêts est fixé par des règlements spéciaux édictés par le Commissariat du Peuple pour l'Agriculture correspondant.

TITRE III

Forêts d'intérêt général d'Etat

CHAPITRE I

Dispositions générales

13. Toutes les forêts restant au fonds forestier d'Etat unique, après prélèvement et attribution de forêts d'intérêt local, constituent le fonds général d'Etat.

14. Les forêts d'intérêt général d'Etat se partagent, d'après la nature de la jouissance, en :

a) forêts appartenant en propre à l'Etat;

b) forêts d'affectation spéciale.

15. L'exploitation, dans les forêts d'intérêt d'Etat, est faite par les organes du Commissariat du Peuple pour l'Agriculture correspondant.

CHAPITRE II

Organisation de l'exploitation forestière

16. Pour l'exploitation forestière régulière dans les forêts général d'Etat, il est établi, d'après les instructions du Commissariat du Peuple pour l'Agriculture correspondant, un plan d'exploitation, qui fixe l'aménagement, ou l'ordre d'exploitation, l'étendue et et le mode de tous les usufruits forestiers, ainsi que les bases des travaux de repeuplement, de sylviculture et des soins à donner aux arbres.

17. La quantité des bois des forêts d'intérêt d'Etat à livrer annuellement est fixée à une année de croissance au plus, d'après des devis (1) établis par les gardes principaux, pour les forêts aménagées et surveillées conformément à un plan d'exploitation approuvé; et, pour les autres forêts, — sur la base de calculs spéciaux effectués d'après des règles établies en forme d'instruction par le Commmissariat du Peuple pour l'Agriculture correspondant.

18. Les devis de livraison de bois pour toutes les conservations forestières sont examinés par les organes forestiers de *gouvernement* et réunis en un devis global de *gouvernement*, qui est soumis à l'approbation du Commissariat du Peuple pour l'Agriculture correspondant.

19. Dans des cas exceptionnels peuvent être autorisées des livraisons [coupes] extraordinaires (2) de bois taillis, mais uniquement en vertu d'une disposition spéciale, dans chaque cas particulier, du Commissariat du Peuple pour l'Agriculture correspondant, sanctionnée par le Conseil du Travail et de la Défense. Les livraisons [coupes] extraordinaires doivent être couvertes par une diminution [correspondante] des livraisons [coupes ordinaires] dans les années suivantes.

20. Le bois mort, ou endommmagé avant le degré d'arrêt de la croissance, le chablis, ainsi que le bois

---

1. [Ce terme (en russe *smèta*) correspond à ce que notre Code forestier appelle états des coupes ordinaires à asseoir conformément aux aménagements.]

2. [C'est le terme employé dans notre Code forestier; l'adjectif russe signifie proprement « dépassant le devis » (*sverkhsmetnyié*).]

qui doit être coupé lors de nettoiements et éclaircies, ouverture des voies, etc., peut être livré en [supplément] dépassement de devis, avec ou sans imputation sur les devis [états des coupes ordinaires], conformément à l'instruction pour la livraison de bois.

21. Le prix du bois sur pied est fixé par des taxes. Ces taxes sont établies par les administrations agraires de *gouvernement* sur la base d'une instruction spéciale du Commissariat du Peuple pour l'Agriculture correspondant et sanctionnées, sur avis conforme de la conférence économique de *gouvernement*, par la Conférence Economique de la R. S. F. S. R.

22. Le prix d'estimation [fixé] d'après les taxes pour le bois destiné à la livraison peut, en dépendance des prix du marché, ou si le bois d'un secteur donné a une valeur exceptionnelle, être relevé jusqu'à 30 0/0 par les administrations agraires de *gouvernement*, avec l'approbation de la conférence économique de région, ou — à défaut de celle-ci — par la conférence économique de *gouvernement*. Le relèvement du prix d'estimation à plus de 30 0/0 du prix taxé doit être sanctionné par le Commissariat du Peuple pour l'Agriculture correspondant.

23. Le bois des forêts d'intérêt général d'Etat qui est destiné à la livraison, est vendu par les organes forestiers de *gouvernement* :

a) Sans enchères, d'après les taxes — aux travailleurs usufruitiers de la terre, aux émigrants et aux colons, ainsi qu'aux ouvriers et employés des établissements et des entreprises d'Etat, dans les limites des normes. Ces normes sont établies, d'après la nature plus ou moins boisée de la région et d'après les conditions climatiques, par les directions agraires de *gouvernement* et sont confirmées par les comités exécutifs de *gouvernement.*

b) Avec [appel à la] concurrence, — en partant du prix d'estimation du bois, — aux établissements et entreprises d'Etat ou locaux, soit qu'ils figurent dans le budget de l'Etat, soit qu'ils soient placés sous le régime de la gestion autonome, ainsi qu'à la coopération [d'exploitation] forestière et de transformation du bois, unie en centres généraux pour toute la République.

Remarque. — La vente de bois sur pied, d'après estimation sans [appel à la] concurrence, aux établissements et aux entreprises d'Etat ou locaux qui figurent dans le budget de l'Etat [n'] est autorisée [qu'] avec approbation de la Conférence Economique de la R. S. F. S. R.

Rédaction de l'ordonnance du V. TS. I. K. du 16 octobre 1924 (*Recueil des Lois,* 1924, nº 79, art. 790).

24. Les directions agraires de district peuvent allouer, avec une réduction de taxe pouvant atteindre 75 0/0, les gardes principaux des forêts — avec une réduction pouvant atteindre 50 0/0, — sans toutefois dépasser les normes, du bois mort comme bois de chauffage et bois de construction à la population travailleuse la plus pauvre (familles des soldats rouges, émigrants, colons, travailleurs usufruitiers de la terre exemptés de l'impôt agricole, etc.), d'après la situation matérielle et l'importance des besoins en bois, établies par les attestations des comités exécutifs de *volost.*

Remarque. — En cas d'insuffisance de bois mort, les directions agraires de *gouvernement* ont le droit d'autoriser des livraisons privilégiées de bois à la population travailleuse la plus pauvre, à prendre sur le bois vert, dans les formes prévues au présent article du Code Forestier.

Rédaction du V. TS. I. K. et du S. N. K. du 12 mai 1924, et du V. TS. I. K. du 16 octobre 1924 (*Recueil des Lois*, 1924, nᵒ 45, art. 136 et nᵒ 79, art. 790).

25. Les directions agraires de *gouvernement* peuvent, conformément à une instruction spéciale du Commissariat du Peuple pour l'Agriculture correspondant, allouer gratuitement du bois aux victimes de fléaux de la nature (incendies, inondations, etc.) ; — pour des besoins publics (écoles, hôpitaux, etc.) ; — pour les besoins de l'exploitation forestière (construction et réparation de bâtiments d'exploitation dans les domaines forestiers, chemins, etc.) ; — aux émigrants pour y édifier les constructions des *ousadby* (1) dans les rayons destinés à la colonisation.

26. Les consommateurs qui ont reçu du bois en vertu de parag. *a*) et de la remarque à l'article 23, ainsi que des articles 24-25 du présent Code, s'engagent à l'employer selon sa vrai destination, sans droit de rétrocession des coupes.

Il est interdit aux consommateurs de ces catégories de revendre le bois à usages divers et le bois de chauffage, ainsi que d'employer le bois sur pied ou façonné (2) au règlement des employés, des ouvriers,

---

1. [Pour le sens de ce mot, voir Code Agraire, p. 83, n. I].

2. [Se dit du bois qui, après abatage, est ébranché, scié, de manière à pouvoir être vendu.]

des entrepreneurs, ainsi que d'exécuter du travail à la condition d'un prélèvement partiel sur la production.

Remarque. — L'interdiction susdite ne s'étend pas aux débris de bois préparé (copeaux, branchages,etc.), impropres au façonnement ou à la préparation du bois.

Rédaction de l'ordonnance du V. TS. I. K. du 16 octobre 1924 (*Recueil des Lois*, 1924. n° 79. art. 790).

27. L'allocation de bois provenant des forêts d'affectation spéciale est fixée par des règlements élaborés en conformité avec l'article 39 et par des contrats spéciaux sur la base des articles 53-57 du Code Forestier.

Rédaction de l'ordonnance du V. TS. I. K. du 16 octobre 1924 (*Recueil des Lois*, n° 79, art. 790).

28. Le bois demeuré invendu aux ventes avec concurrence effectuées conformément à l'article 23 du présent Code est offert à la vente aux enchères sur les bases générales pour toutes les catégories d'acheteurs de bois, telles que : établissements et entreprises d'Etat, coopération et personnes privées; le bois qui demeure invendu aux ventes avec concurrence, est mis aux premières enchères sans abaissement de son estimation.

Rédaction de l'ordonnance du V. TS. I. K. du 16 octobre 1924 (*Recueil des Lois*, 1924, n° 79, art. 790).

29. La vente de bois soit sans enchères, soit avec concurrence et aux enchères, a lieu en vertu de règles et sur la base de conditions spéciales établies

par les Commissariats du Peuple pour l'Agriculture correspondants, d'accord avec le Commissariat du Peuple pour les Finances et le Commissariat du Peuple pour le Commerce Intérieur.

Rédaction de l'ordonnance du V. TS. I. K. du 16 octobre 1924 (*Recueil des Lois*, 1924, n° 79, art. 790).

30. Dans les conditions de la vente de bois (art. 29) doivent être spécifiés :

a) Le montant des nantissements en garantie des nettoiements des lieux de coupes, et en outre — pour les personnes privées, — en garantie de l'exécution régulière du contrat;

b) Les délais d'exécution des opérations de façonnage et d'enlèvement du bois, et de nettoiement des lieux de coupes;

c) Les délais du versement d'argent pour le bois;

d) Le mode de vérification des matériaux façonnés et des lieux de coupes;

e) Le mode de dénombrement et de mesure des matériaux façonnés;

f) La responsabilité [encourue] pour violation des [clauses et] conditions;

g) Les causes entraînant cessation du contrat et paiement d'un dédit;

h) Le mode de contrôle statistique du bois alloué.

31. L'abatage de bois et le façonnage de ce qui a été acquis tant aux enchères que sans enchères ne sont autorisés qu'en vertu de permis de coupe.

32. La remise du bois à l'entière disposition des acheteurs est autorisée soit à raison de contrats, soit sous condition de paiement intégral ou d'assurance de ce paiement par les garanties voulues.

Chapitre III

Droits d'usage accessoires dans les forêts

33. Aux droits d'usage forestiers accessoires se rapportent : le pâturage, le fauchage, la chasse, la cueillette des noisettes, la récolte de la litière et de la mousse, la pêche dans les étangs et dans les rivières des forêts, ainsi que l'extraction, sur le territoire des établissements forestiers, de la tourbe, de l'argile, du sable et de la pierre.

34. Le pâturage dans les forêts d'intérêt général d'Etat est autorisé en vertu d'une instruction du Commissariat du Peuple pour l'Agriculture correspondant, sous la condition d'observation de tous les règlements assurant la régénération naturelle des forêts et la conservation des fourrés.

35. Le caractère payant ou non payant des droits d'usage accessoires est établi par les organes agraires de *gouvernement* et confirmé par les comités exécutifs de *gouvernement*.

36. Les organes forestiers de *gouvernement* ont le droit d'employer les parcelles de terrains situées à l'intérieur des forêts à satisfaire les besoins de l'exploitation forestière (pépinières, lots [*nadiels*] de service, etc,), et de l'industrie forestière (chantiers, dépôts forestiers, entrepôts au bord des cours d'eau, etc.). L'exploitation de ces parcelles a lieu sur des bases spéciales.

Remarque. — Les chantiers, les dépôts et entrepôts

forestiers doivent être octroyés en première ligne aux entreprises forestières d'Etat.

TITRE IV

Forêts d'affectation spéciale

37. Les forêts d'affectation spéciale comprennent les forêts détachées des forêts d'intérêt général d'Etat pour satisfaire des besoins spéciaux de l'Etat.

38. Les forêts d'affectation spéciale comprennent en particulier :

a) Les forêts à conserver;

b) Les forêts servant de champs d'instruction et d'expériences et les monuments de la nature;

c) Les forêts des usines métallurgiques;

d) Les bois urbains;

e) Les forêts exploitées en vertu de contrats de concessions;

f) Les forêts octroyées aux entreprises de transport et d'industrie d'Etat et à leurs unions, en la forme de création d'exploitations combinées.

39. Les forêts d'affectation spéciale sont remises. pour les buts indiqués à l'article 38, aux établissements et entreprises intéressés, en vertu d'ordonnances élaborées par le Commissariat du Peuple pour l'Agriculture correspondant et sanctionnées par le Conseil des Commissaires du Peuple ou la Conférence Economique de la R. S. F. S. R., selon le cas.

40. Les forêts d'affectation spéciale font retour au fonds forestier général d'Etat dans les cas suivants :

a) Après l'expiration du délai de jouissance pour lequel elles avaient été octroyées;

b) Après que les établissements auxquels ces forêts avaient été remises ont cessé d'en avoir besoin.

41. Sont déclarés à conserver les bois et buissons :

a) Destinés à arrêter les sables mouvants ou à empêcher leur extension;

b) Destinés à prévenir l'abaissement du niveau de l'eau aux sources et aux embouchures des rivières et des ruisseaux;

c) Destinés à protéger les berges des rivières et [les bords] des sources contre les ravinements, les affouillements et les dégâts causés par la débâcle;

d) Destinés à arrêter les glissements de terrain, les éboulements de roches ou à empêcher l'affouillement du sol, la formation d'avalanches et de torrents [trop] rapides;

e) Jouant le rôle de bandes destinées à retenir la neige et à protéger contre elle;

f) Ayant un intérêt hygiénique ou esthétique;

g) Devant être, pour telles ou telles raisons scientifiques, conservés dans leur état naturel (monuments de la nature).

42. Le classement comme forêts à conserver et les conditions des droits d'usage dans ces forêts sont fixés par des règlements spéciaux, élaborés par le Commissariat du Peuple pour l'Agriculture correspondant et sanctionnés par la Conférence Economique de la R. S. F. S. R.

43. Pour desservir les établissements médicaux (lieux de traitement) d'intérêt général d'Etat, il peut être prélevé des bois de très petite étendue, s'ils ont le

caractère de parcs; ils sont remis à la gestion du Commissariat du Peuple pour l'Hygiène. Tous ces bois sont déclarés à conserver.

44. Les forêts à conserver appartenant aux catégories *e*), *f*), *g*) de l'article 41 peuvent être remises à la gestion d'autres départements et institutions, à des conditions spéciales établies par le Commissariat du Peuple pour l'Agriculture correspondant.

45. Les écoles forestières, les écoles de sylviculture et les écoles supérieures d'agriculture peuvent, pour des buts d'enseignement, d'instruction ou d'expériences, recevoir les forêts nécessaires.

46. Les revenus produits par l'exploitation des forêts servant à l'instruction ou à des expériences passent, au titre de ressources spéciales, à la disposition de l'établissement ou de l'institution d'enseignement correspondants et sont employés d'après des devis et dans les formes établies : [1º] au développement des études expérimentales; [2º] aux besoins de l'exploitation forestière dans les forêts servant à des études et à des expériences.

47. Pour satisfaire l'industrie métallurgique ainsi que les entreprises de transport et [les entreprises] industrielles d'Etat et leurs unions constituées en exploitations combinées, il peut être affecté des bois avec une année de croissance suffisante pour assurer le bois nécessaire à la production des usines métallurgiques et des entreprises indiquées au présent article.

48. Les forêts destinées à satisfaire les entreprises énumérées à l'article 47 sont exploitées sur la base de contrats spéciaux conclus par le Commissariat du Peuple pour l'Agriculture correspondant avec le Con-

seil Suprême de l'Economie Populaire ou le Commissariat du Peuple pour les Voies de Communication, et sanctionnés par la Conférence Economique de la R. S. F. S. R.

49. Les surfaces boisées qui se trouvent près des villes et des agglomérations de type urbain sur d'anciens terrains municipaux sont considérées comme bois urbains et incluses dans l'enceinte urbaine — sur les bases générales — avec les terrains municipaux, conformément au Titre Ier de la IIe Partie du Code Agraire sur les terrains des villes.

Remarque 1. — Les villages suburbains qui sont sous l'administration des soviets urbains sont assimilés, en ce qui concerne le droit à la jouissance des surfaces boisées, aux agglomérations urbaines.

Remarque 2. — Ne rentrent pas dans la catégorie des bois urbains les bois et les parcs destinés à des œuvres d'enseignement et qui ont été remis aux écoles forestières, aux écoles de sylviculture et aux écoles supérieures d'agriculture, même si ces bois et ces parcs se trouvent dans l'enceinte urbaine.

50. La décision aux termes de laquelle telle ou telle surface boisée doit être remise aux villes est prise par accord entre les organes agraires de *gouvernement* et les sections communales, et confirmée par le Commissariat du Peuple pour l'Agriculture correspondant.

51. Les bois urbains sont placés sous la gestion des soviets des villes et peuvent être déclarés interdits à la coupe en totalité ou en certaines de leurs parties, en vertu d'une décision du soviet de la ville.

52. Les bois urbains sont soumis au même régime d'exploitation que les parcs, d'après des règlements

et instructions spéciaux édictés par le Commissariat du Peuple pour l'Intérieur d'accord avec le Commissariat du Peuple pour l'Agriculture correspondant.

53. Les forêts de concession sont des surfaces boisées destinées à l'utilisation et à l'exploitation du bois dans les coupes attribuées au concessionnaire en vertu de contrats spéciaux confirmés par le Conseil des Commissaires du Peuple sur proposition conforme du Comité Principal des Concessions.

54. Les rayons des concessions forestières sont établis par le Conseil du Travail et de la Défense sur des propositions du Commissariat du Peuple pour l'Agriculture correspondant, faites d'accord avec le Conseil Suprême de l'Economie Populaire.

55. L'unité d'exploitation forestière, destinée à la jouissance par concession, reste sous la gestion administrative générale du Commissariat du Peuple pour l'Agriculture correspondant; quant au concessionnaire, il lui est accordé chaque année, pendant la durée du contrat, l'exploitation du bois dans les coupes qui lui sont attribuées conformément au plan d'exploitation.

56. Les contrats de concession doivent prévoir :

a) Les limites du lot concédé;

b) La durée de la concession;

c) Le mode d'établissement du plan général et partiel d'exploitation;

d) Le mode d'attribution des coupes destinées à l'abatage annuel;

e) Le montant, les modes et les dates des versements du prix à payer par le concessionnaire.

f) Les suites spéciales qu'entraîne la violation du contrat par le concessionnaire;

g) Les autres [clauses et] conditions réglant la jouissance de l'objet de la concession.

57. La surveillance et le contrôle de l'exécution, par le concessionnaire, du plan d'exploitation forestière sont exercés par les organes du Commissariat du Peuple pour l'Agriculture correspondant sur les bases générales.

58. Dans les forêts où l'écoulement reste incomplet, le Commissariat du Peuple pour l'Agriculture correspondant a le droit d'attribuer d'avance, en vertu d'accords contractuels spéciaux, des coupes pouvant aller jusqu'à dix assiettes annuelles aux unions et entreprises d'Etat dont la tâche essentielle est le travail mécanique ou chimique du bois, à la condition d'exploiter ces coupes dans l'ordre de succession prévu par le plan d'exploitation.

TITRE V

Conversion des surfaces boisées en autres biens fonciers

59. Le déblaiement de surfaces boisées dans les forêts d'intérêt d'Etat et d'intérêt local non classées comme [forêts] à conserver ou leur conversion en une autre forme de biens fonciers peuvent être autorisés dans les cas suivants :

a) Pour des nécessités d'Etat, telles que chemins de fer, chemins de halage; pour l'aménagement de polygones, champs de tir, camps, bâtiments, et pour d'autres besoins d'intérêt d'Etat;

b) Quand l'amélioration de l'exploitation agricole entraîne la nécessité absolue d'étendre les biens fonciers d'exploitation aux dépens des [biens] forestiers;

c) Dans des buts de colonisation, prévus par des actes législatifs spéciaux.

60. Le déblaiement d'un terrain forestier et sa transformation en une autre forme de biens fonciers dans les cas indiqués à l'article 59 sont autorisés par l'administration forestière de *gouvernement* dans les districts contenant plus de 35 0/0 de surface boisée, à la condition que la superficie du secteur forestier soumis au déblaiement ne dépasse pas, dans chaque cas particulier, 50 déciatines. Dans tous les autres cas, le déblaiement de surfaces boisées doit être autorisé par le Commissariat du Peuple pour l'Agriculture correspondant.

61. La remise des surfaces boisées dont le déblaiement a été autorisé s'opère suivant la procédure de l'organisation agraire avec rédaction d'un acte établissant le délai d'abatage du bois d'après l'étendue du terrain et les conditions d'écoulement du bois.

62. Le bois qui pousse sur les lots dont la transformation en une autre espèce de biens fonciers est autorisée est délivré suivant le droit commun.

TITRE VI

Organes d'administration du fonds forestier d'Etat

63. L'administration des forêts du fonds forestier d'Etat unique est exercée par les organes forestiers du Commissariat du Peuple pour l'Agriculture correspondant.

64. D'après les besoins de sa protection et de son administration, ainsi qu'en raison des conditions économiques, le fonds forestier d'Etat est divisé en domaines forestiers et ceux-ci en tournées à cheval ou à pied [triages]. Les divisions en domaines sont confirmées par le Commissariat du Peuple pour l'Agriculture correspondant. Le nombre des triages et leurs limites sont établis par les organes forestiers de *gouvernement*.

65. L'exploitation et l'administration des forêts par domaines incombent aux gardes principaux des forêts. Des gardes principaux adjoints sont désignés pour les seconder.

66. Des inspecteurs des forêts — [inspecteurs] de région, de *gouvernement*, de rayon sont désignés pour faire des inspections dans les domaines forestiers, coordonner et diriger l'activité économique des gardes principaux.

67. La garde des forêts par triages est assurée par des gardes forestiers : gardes à cheval et gardes à pied.

68. La compétence des organes forestiers ainsi que les droits et obligations de tous les spécialistes forestiers et des gardes forestiers sont fixés par l'Ordonnance concernant le Commissariat du Peuple pour l'Agriculture correspondant.

TITRE VII

Police des forêts

69. Les organes forestiers de *gouvernement* et les gardes principaux ont charge d'organiser la police

des forêts des domaines à eux confiés contre les incendies, les abatages sans autorisation, et tous autres dommages, ainsi que contre tout [acte d'] usage illégal dans les forêts.

70. Les gardes forestiers, sous la direction du garde principal et de son adjoint, sont chargés de la surveillance directe des cantons forestiers confiés à leur garde. Ils veillent à l'exécution des mesures de précaution établies contre les incendies de forêts et prennent les mesures voulues pour prévenir tous autres dommages à la forêt.

71. Les gardes généraux ont l'obligation de veiller à ce que soient observés dans les forêts d'intérêt local et d'affection spéciale tous les règlements de police des forêts et à ce que les coupes n'y prennent pas un caractère de dévastation.

72. Les gardes principaux, leurs adjoints et les gardes forestiers sont munis d'armes à feu et, — en ce qui concerne l'arrestation des gens coupant du bois sans autorisation, ainsi que l'exécution de perquisitions, la reprise du bois dérobé et les appels aux citoyens pour éteindre les incendies de forêts, — ils ont les droits de la milice.

73. Les gardes principaux, leurs adjoints et les gardes forestiers ont la surveillance de l'exacte application des règlements sur la chasse dans les limites des cantons confiés à leur administration.

[CODE MINIER]

ORDONNANCE SUR LE SOUS-SOL ET SON EXPLOITATION

Ordonnance sur le sous-sol
et son exploitation

*Sanctionnée par le Comité Exécutif Central
le 13 juillet 1923*

L'effet de l'Ordonnance sur le sous-sol et son exploitation, sanctionné le 7 juillet 1923 p,ar la IIe session du Comité Exécutif Central Panrusse (*Recueil des Lois, 1923, n° 54, art. 532*) s'étend, à dater de la publication de la présente disposition, aux territoires de toutes les républiques fédérées.

Ordonnance sur le sous-sol et son exploitation

(En annulation du décret sur le sous-sol du 30 avril 1920)
Recueil des Lois, 1920, n° 36. art. 171

Dispositions générales

1. Les gisements de matières fossiles inclus dans le sous-sol du territoire de l'Union des R. S. S. constituent la propriété de l'Union des R. S. S.

Remarque. — Le droit de disposer des gisements situés sur les territoires des républiques fédérées est fixé par des accords particuliers entre ces républiques et la R. S. F. S. R.

2. La disposition du sous-sol, en ce qui concerne les matières fossiles — solides, liquides et gazeuses — qu'il renferme, ainsi que la direction générale de l'industrie minière et le soin direct de développer nor-

malement toutes ses branches, en particulier la délivrance d'autorisations en vue d'effectuer des travaux d'exploration et d'exploitation, la surveillance de l'exécution régulière de tous travaux d'industrie minière incombent au Conseil Suprême de l'Economie Populaire de l'Union des R. S. S., Direction Principale de l'Industrie Minière.

3. La faculté d'entreprendre les travaux d'industrie minière : — recherches, exploration, extraction et exploitation de matières fossiles utiles, aux conditions indiquées dans la présente ordonnance, est accordée à tous les citoyens et à toutes les personnes juridiques de l'Union des R. S. S.

Le droit d'effectuer les travaux susdits ne peut être accordé aux étrangers et aux personnes juridiques étrangères reconnues dans l'Union des R. S. S. que par autorisation spéciale du Conseil des Commissaires du Peuple de l'Union des R. S. S., pour chaque cas particulier.

Remarque. — L'exécution de travaux d'industrie minière par décision directe d'institutions gouvernementales est soumise aux mêmes règles que l'exécution de ces mêmes travaux par des sociétés et par des personnes privées.

4. Le Conseil Suprême de l'Economie Populaire de l'Union des R. S. S., d'accord avec le Commissariat du Peuple pour la Guerre et pour la Marine et avec le Commissariat du Peuple de l'Union des R. S. S. pour les Voies de Communication et les Commissariats du Peuple correspondants des républiques fédérées : agriculture, intérieur, instruction publique et hygiène, — selon le cas, — fixe :

1º Les régions ou les secteurs dans les limites desquels l'exploitation du sous-sol, soit intégrale, soit concernant une certaine espèce de matières fossiles, est interdite ;

2º Les régions ou les secteurs dans les limites desquels cette exploitation n'est autorisée que sous réserve d'observation de certaines conditions;

3º Les secteurs de surface, — et de quelle nature, — qui ne peuvent être concédés pour les besoins de l'industrie minière, ou ne peuvent l'être que dans des cas exceptionnels, pour des besoins d'un ordre déterminé.

Rédaction de l'ordonnance du TS. I. K. du 14 décembre 1923 (*Recueil des Lois,* nº 17, art. 165).

5. Le Conseil Suprême de l'Economie Populaire de l'Union des R. S. S. a le droit de déclarer soustraits à l'effet des règles générales de la présente Ordonnance des régions ou des secteurs particuliers de la surface, parmi ceux qui ont été octroyés pour [y effectuer] des travaux d'industrie minière.

Remarque. — Ce droit de soustraction conformément à l'article 5 ne s'étend pas aux surfaces déjà octroyées pour explorations (art. 9) ou pour exploitation (art. 13).

RECHERCHES

6. Les recherches de matières fossiles utiles qui consistent à examiner des régions à la surface, à lever des plans, à recueillir des échantillons de roches, à faire des études géologiques, magnétométriques, électriques et autres n'exigeant pas de travaux de terras-

sement peuvent être effectuées partout sans autorisations spéciales à cet effet.

Remarque. — Les exceptions sont établies par le Conseil Suprême de l'Economie Populaire de l'Union des R. S. S., d'accord avec le Commissariat du Peuple pour la Guerre et pour la Marine, le Commissariat du Peuple pour les Voies de Communication et les commissariats du Peuple des républiques fédérées pour l'intérieur, — selon le cas.

7. Les recherches accompagnées de travaux de terrassement peuvent être effectuées par accord avec les usufruitiers (1) de la surface, ou, à défaut de cet accord, en vertu d'une autorisation délivrée par les organes locaux de la Direction Principale de l'Industrie Minière d'accord avec les institutions sous l'administration desquelles se trouve la surface.

Remarque. — En ce qui concerne les économies soviétiques, il faut un accord [conclu] d'une part avec leurs usufruitiers temporaires, de l'autre avec les organes agraires compétents.

8. L'exécution de travaux de recherches par un industriel minier ne constitue pas pour autrui un empêchement d'exécuter ces travaux dans la même région.

EXPLORATIONS

9. La personne qui a découvert la première dans une région donnée un gisement de matière fossile

---

1. [On rappelle que les termes « usufruit », « usufruitier » ne doivent pas être entendus dans le sens juridique français, mais qu'ils sont employés pour éviter et remplacer, dans la législation soviétique, ceux de « propriété » ou de « propriétaire ».]

utile quelconque, et qui en a fait la déclaration dans le délai d'un mois après sa découverte à l'organe local de la Direction Principale de l'Industrie Minière du Conseil Suprême de l'Economie Populaire de l'U. R. S. S., est reconnue pour le premier inventeur : elle a [de ce fait] le droit exclusif, dans les limites d'un champ déterminé, d'effectuer une exploration ayant pour objet de reconnaître de plus près les propriétés du gisement découvert et la mesure dans laquelle il mérite d'être exploité.

A défaut d'une personne jouissant du droit de premier inventeur d'un gisement donné, ce droit appartient au premier déclarant, qu'il ait aussi découvert ou non ledit gisement.

Remarque 1. — Les organes locaux de la Direction Principale de l'Industrie Minière du Conseil Suprême de l'Economie Populaire de l'U. R. S. S. doivent tenir régistre des déclarations et les présenter pour examen aux intéressés sur la demande de ceux-ci.

Remarque 2. — Le Bureau du Conseil Suprême de l'Economie Populaire de l'U. R. S. S. a le droit, pour des régions isolées de l'U. R. S. S., de prolonger jusqu'à trois mois le délai d'un mois fixé par le présent article pour le dépôt des demandes d'octroi de terrain en vue d'explorations.

Rédaction de l'ordonnance du TS. I. K. du 21 mars 1924 (*Recueil des Lois,* 1924, n° 45 art. 428.

10. Le droit exclusif d'effectuer, dans les limites d'un champ déterminé, des explorations concernant le naphte et les sources minérales, et, — dans des cas exceptionnels, à défaut d'autres compétiteurs

ayant déjà procédé à l'exécution de terrassements pour des recherches, — concernant aussi d'autres matières fossiles utiles. peut être accordé non seulement aux personnes ayant effectivement découvert la présence du gisement de la matière fossile donnée, mais encore à celles qui présenteraient des données géologiques ou autres. suffisantes pour faire présumer la découverte du gisement de la matière fossile indiquée dans la déclaration.

11. L'octroi à un industriel minier du droit exclusif d'effectuer l'exploration du gisement de matière fossile utile découvert par lui ne constitue pas un empêchement pour ce qui est d'autoriser, dans les limites de l'espace mis à sa disposition, d'autres industriels miniers à effectuer, des recherches ainsi qu'une exploration d'autres matières fossiles, à la condition expresse que leurs travaux ne gênent pas ceux du premier.

12. Les surfaces destinées à des travaux d'exploration sont octroyées pour une durée pouvant aller jusqu'à cinq ans.

Remarque. — Les conditions et les délais d'exécution des travaux d'exploration, en ce qui concerne des régions et des matières fossiles particulières, sont établis par le Conseil Suprême de l'Économie Populaire.

ATTRIBUTIONS DE SECTEURS DU SOUS-SOL ET DE LA SURFACE

13. La personne qui a terminé à temps l'exécution de travaux d'exploration suffisants pour établir qu'un

gisement donné mérite d'être exploité, a le droit de
recevoir, pour l'exploitation du gisement découvert
et exploité par lui, quatre champs d'attribution, au
plus, dans les limites du champ exploré et, — partiellement — hors de ce champ, sur une surface n'ayant
pas fait l'objet de demandes de la part d'autres compétiteurs.

14. L'attribution (1) d'un secteur de sous-sol ou le
lot minier consiste en la délimitation de l'étendue en
surface sous laquelle l'industriel minier est autorisé
à exploiter une matière fossile.

L'étendue du lot minier pour des régions et des
matières fossiles diverses est fixée par le Conseil
Suprême de l'Economie Populaire de l'U. R. S. S.

15. Des lots miniers peuvent être octroyés à des personnes différentes dans une seule et même région pour
l'extraction de différentes matières fossiles, quand
même ces lots se recouvriraient l'un l'autre. Mais
cela ne peut avoir lieu que dans le cas où la matière
fossile découverte par la suite ne se trouve pas dans le
même gisement que le [gisement] découvert primitivement, et peut être exploitée indépendamment de
la première.

16. L'industriel minier à qui ont été octroyés le droit
d'effectuer des travaux d'exploration ou l'exploitation
d'un gisement de matière fossile utile doit recevoir
(pour l'exploration ou l'exploitation, l'enrichissement
ou la transformation de la matière fossile, ainsi que
pour l'aménagement d'un local destiné aux ouvriers

1. [Les termes « attribution », « attributaire » désignent ici un
droit sur le sous-sol de même nature générale que cette forme de
la propriété minière qu'est chez nous la concession.]

et aux employés) la jouissance des secteurs de surface nécessaires, à prendre sur ceux qui sont susceptibles d'être octroyés pour les besoins des mines (art. 4), dans les limites du lot qui a été attribué audit industriel, et, en cas de besoin, par delà ces limites.

17. L'octroi de lots miniers et de portions de surface à des industriels miniers, ainsi que leur délimitation en nature, est fait par les organes de la Direction Principale de l'Industrie Minière du Conseil Suprême de l'Economie Populaire de l'U. R. S. S. par la voie d'une instruction élaborée d'accord avec le Conseil Suprême de l'Economie Populaire de l'U. R. S. S. et les commissariats du Peuple pour l'Agriculture des républiques fédérées, suivant le cas, conformément à l'article 155 du Code Agraire et à la remarque afférente.

18. Les litiges qui naissent au sujet des articles 11 et 15 de la présente Ordonnance sont tranchés par les organes locaux de la Direction Principale de l'Industrie Minière du Conseil Suprême de l'Economie Populaire de l'U. R. S. S.

DROITS ET OBLIGATIONS
DES BÉNÉFICIAIRES D'ATTRIBUTIONS [DE LOTS]

19. L'exploitation d'un gisement de matières fossiles de toute nature, — hors les cas indiqués à l'article 20, — ne peut se faire que dans les limites des lots miniers concédés à cet effet aux industriels miniers par les organes de la Direction Principale de l'Industrie Minière du Conseil Suprême de l'Economie Populaire de l'U. R. S. S.

20. Ne peuvent avoir lieu sans l'autorisation de la

Direction Principale de l'Industrie Minière du Conseil Suprême de l'Economie Populaire de l'U. R. S. S. :

a) L'exécution — placée sous l'administration des organes des commissariats du Peuple pour l'Agriculture ou pour l'Intérieur, suivant le cas, — de recherches hydrotechniques et de travaux [ou installations] pour l'utilisation des eaux souterraines en vue de régulariser l'hydraulique et l'amendement agricoles;

b) L'exploitation par travaux à ciel ouvert, dans les limites de la zône et des secteurs d'aliénation pour chemins de fer et autres voies de communication, et par décision des administrations desdites voies, — des matières fossiles qui leur sont nécessaires;

c) L'exploitation des matériaux de construction, du sable, de l'argile, etc., ainsi que de la tourbe, dans les limites d'une enceinte urbaine, — accordée exclusivement par décision des comités exécutifs correspondants ;

d) L'exploitation de mines agronomiques : — phosphorites, calcaires, marne, etc., pierres à bâtir, calcaires marmoréens, grès, etc., argile de toute nature, sable, tourbe et autres matières fossiles de même nature communément répandues, — par les usufruitiers de la surface dans les limites des lots dont la jouissance leur a été concédée, pour leurs propres besoins, ainsi que pour satisfaire les besoins de l'agriculture et de la [petite] industrie artisane.

Remarque. — L'exploitation faite dans les conditions données ne peut toutefois constituer un empêchement de concéder les lots de surface occupés à cette fin [d'exploitation] pour les besoins des mines, si cela devient nécessaire.

21. L'industriel minier qui a reçu un lot d'attribution a le droit d'exploiter, dans les limites de ce lot, tous les gisements de la matière fossile pour l'extraction de laquelle le lot lui a été attribué, de même que toutes autres matières fossiles qui se trouvent dans le même gisement que celui qu'il exploite. En outre, il a le droit d'extraire, dans les limites de son lot d'attribution, les roches vulgaires qui lui sont nécessaires pour le remblayage des champs exploités, de même que les pierres à bâtir, l'argile, les substances réfractaires, spaths et autres matières fossiles nécessaires pour les bâtiments et travaux d'installations des mines, l'exploitation des matières fossiles; — pour autant que le droit de les exploiter n'a pas été concédé à d'autres personnes.

A dater du moment de la remise de l'acte d'attribution [du lot], le droit d'extraction des matières fossiles sus-indiquées ne peut être accordé à des personnes autres que le bénéficiaire d'attribution que dans le cas où cela ne porterait pas atteinte au droit du bénéficiaire d'attribution.

22. Le lot minier d'attribution est acccordé à l'industriel minier jusqu'à [la fin de] l'exploitation.

Le droit à un lot d'attribution, accordé à un industriel minier, peut être rétrocédé à une autre personne parmi celles qui ont le droit d'exercer une industrie minière, mais uniquement avec l'autorisation écrite de l'organe de la Direction Principale de l'Industrie Minière du Conseil Suprême de l'Economie Populaire de l'U.R.S.S., de quoi mention est faite par celui-ci sur les documents correspondants.

23. Si l'un quelconque des industriels miniers

n'exploite pas les lots dont l'exploitation au moment
donné est économiquement possible et instamment
désirable au point de vue de l'intérêt public, le Conseil Suprême de l'Economie Populaire (Direction Principale de l'Industrie Minière) a le droit de lui présenter une mise en demeure de mettre l'exploitation
en marche et d'exécuter le programme de production
fixé.

Dans le cas où le bénéficiaire d'attribution se refuserait à exécuter les demandes à lui présentées, le lot
doit être vendu aux enchères aux personnes qui pren-
dront l'engagement, garanti par nantissement, d'exécuter les demandes formulées.

24. Le bénéficiaire d'attribution qui a reçu, conformément à l'article 23 de la présente Ordonnance,
une mise en demeure de commencer l'exploitation et
d'exécuter le programme de production fixé, et qui,
après avoir pris l'engagement sus-indiqué, ne l'a
pas rempli, est privé du droit de jouissance ultérieure
de l'attribution, laquelle lui est retirée sans indemnité
avec toutes installations qui s'y trouvent.

25. Les gisements de matières fossiles déjà découverts, c'est-à-dire ceux dont la présence est déjà con-
nue et dont la révélation n'exige pas d'études géologiques, recherches ou explorations ultérieures, sont
cédés à bail pour exploitation par la Direction Principale de l'Industrie Minière du Conseil Suprême de
l'Economie Populaire de l'U. R. S. S. sur la base des
dispositions législatives générales sur la cession à bail
d'entreprises d'Etat, avec droit d'application de l'article 22 de la présente Ordonnance.

Remarque 1. — La concession des gisements déjà

découverts à des entreprises d'Etat est effectuée par la Direction Principale de l'Industrie Minière du Conseil Suprême de l'Economie Populaire de l'U.R. S. S. sur la base des règles exposées dans le présent article, avec octroi d'un droit d'affermage par priorité sur les autres compétiteurs. Toutes les institutions gouvernementales, de même que les personnes juridiques physiques et privées qui, au moment de la publication de la présente Ordonnance, se livraient à une exploitation de gisements de matières fossiles non basée sur des contrats avec la Direction Principale de l'Industrie Minière du Conseil Suprême de l'Economie Populaire de l'U. R. S. S., sont tenues de conclure avec cette dernière les contrats d'affermage requis dans les délais fixés par le Conseil Suprême de l'Economie Populaire de l'U. R. S. S.

Remarque 2. — L'exploitation de gisements déjà découverts des matières fossiles communes énumérées aux paragraphes *c)* et *d)* de l'article 20 est soumise aux règles du présent article 25, à l'exclusion des cas prévus par l'article 20 susmentionné de la présente Ordonnance.

26. Après l'exploitation complète et finale des gisements, les surfaces ainsi rendues libres par les industriels miniers rentrent, sur la base générale, dans le patrimoine foncier général de l'Etat.

Rapports respectifs entre les usufruitiers d'attribution, les usufruitiers de la surface et les usufruitiers de lots [d'attribution] contigus.

27. L'industriel minier est tenu d'indemniser les usufruitiers de la surface de tous dommages à eux causés par l'exploitation minière.

De leur côté, les usufruitiers de la surface ne doivent pas, sous peine de perdre le droit de compensation de dommages, élever de nouvelles constructions ou modifier d'une manière quelconque la destination des secteurs compris dans les lots [d'attribution], sans le consentement des usufruitiers d'attribution.

28. Dans le cas de construction, dans les limites de la surface [du lot] d'attribution, d'un ouvrage quelconque d'intérêt d'Etat ou. [d'intérêt] public, — voie-ferrée ou autre, canal aqueduc, etc., — qui gênerait l'exécution de travaux d'industrie minière, les dommages ainsi causés à l'industriel minier doivent être compensés dans les formes établies.

29. L'industriel minier doit avoir le droit d'effectuer, en dehors de la limite de son lot, les aménagements accessoires — en sous-sol comme en surface — indispensables pour l'amenée de l'eau, l'aération de la mine et la percée de chemins, tant dans la région libre, pour autant que celle-ci, conformément à l'article 44 est soumise à concession pour le besoin de l'industrie minière, que sur les surfaces attribuées à d'autres personnes, — mais à la condition que ces aménagements ne soient pas une cause d'embarras ni une me-

nace de danger pour l'exploitation des matières fossiles dans d'autres lots.

30. Pour l'exécution des opérations d'attributions
[de lots], les organes de la Direction Principale de
l'Industrie Minière font payer aux usufruitiers d'attribution, outre le coût des opérations d'organisation
agraire, une somme spéciale, dont le montant et le
mode de perception sont fixés par des règles correspondantes, établies par le Conseil Suprême de l'Economie Populaire de l'U. R. S. S., d'accord avec le
Commissariat du Peuple pour les Finances de l'U. R.
S. S.

Redevance pour l'usufruit du sous-sol

31. Pour l'usufruit des lots miniers, indépendamment de l'impôt [général] industriel et autres, les
industriels miniers paient des redevances de double
nature: [l'une] par déciatine [occupée], [l'autre] —
un prélèvement partiel sur le produit de l'extraction.

32. Pour l'usufruit des lots [d'attribution] concédés
en la forme de l'article 13 de la présente Ordonnance,
la redevance [à payer] par déciatine est établie dans
la proportion de 50 kopeks par déciatine de lot [et]
par an; quant au prélèvement partiel, qui ne peut
dépasser cinq pour cent, il est établi par le Conseil
Suprême de l'Economie Populaire de l'U. R. S. S.,
Direction Principale de l'Industrie Minière.

33. Pour l'usufruit des lots cédés à bail en la
forme de l'article 25, le preneur est tenu de verser,
dans chaque cas particulier, outre le prix de l'affer-

mage, dont le montant est fixé par le Conseil Suprême de l'Economie Populaire de l'U. R. S. S., Direction Principale de l'Industrie Minière, une redevance annuelle par déciatine [occupée] et s'élevant à un rouble par déciatine entière ou non entière, faisant partie du lot attribué au preneur.

Remarque. — Le Conseil Suprême de l'Economie Populaire de l'U. R. S. S. a le droit d'établir pour des entreprises et des matières fossiles particulières des dérogations en ce qui concerne la perception du prix d'affermage et [de la redevance] par déciatine.

34. Le Conseil Suprême de l'Economie Populaire de l'U. R. S. S., Direction Principale de l'Industrie Minière a, dans les cas requis, d'accord avec les départements intéressés, le droit de promulguer les ordonnances, instructions et règles nécessaires concernant l'application de la présente Ordonnance.

Recueil des lois, 1923, n° 82, art. 799.

[CODE]

STATUT VÉTÉRINAIRE
DE LA R. S. F. S. R.

ORDONNANCE DU COMITÉ EXÉCUTIF CENTRAL PANRUSSE

Sur la mise en application du Code Vétérinaire
de la R. S. F. S. R.
Adoptée à la IIe session de la Xe législature
le 3 novembre 1923

1. Le Code vétérinaire entre en vigueur à partir du 1er décembre 1923.

2. Les effets du présent Code s'étendent à tout le territoire de la R. S. F. S. R., y compris les républiques autonomes qui font partie de la fédération.

3. Les comités exécutifs centraux des républiques autonomes faisant partie de la R. S. F. S. R. ont le droit, avec l'approbation du Bureau du Comité Exécutif Central Panrusse, d'introduire dans le Code les modifications et additions nécessaires pour l'adapter à l'organisation et aux us et coutumes particuliers des républiques correspondantes.

4. En développement du Code Vétérinaire, les Commissariats du Peuple pour l'Agriculture de la R. S. F. S. R. et des républiques autonomes ont le droit, après s'être mis d'accord, — dans les cas voulus, — entre eux et avec les départements intéressés, de publier des instructions et des règlements concernant la partie vétérinaire.

5. Les Conseils des Commissaires du Peuple des républiques autonomes faisant partie de la R.S.F.S.R.

sont chargés de présenter au 1er janvier 1924 à l'approbation du Bureau du Comité Exécutif Central Panrusse et du Conseil des Commissaires du Peuple une liste des décrets relatifs à la partie vétérinaire ayant cessé ou continuant d'être en vigueur lors de l'introduction du présent Code.

> Signé : *Le Président du Comité Central Panrusse :* M. KALININE.
>
> *Le Secrétaire du Comité Central Panrusse :* T. SAPRONOV.

3 novembre 1923.

Publié dans le *Recueil des Lois* 1923, n° 105, art. 1029.

CODE VÉTÉRINAIRE DE LA R. S. F. S. R.

(Recueil des Lois, 1923, n° 105, art. 129).

PREMIÈRE PARTIE

TÂCHES ESSENTIELLES DU SERVICE VÉTÉRINAIRE D'ETAT ET OBLIGATIONS DU COMMISSARIAT DU PEUPLE POUR L'AGRICULTURE CONCERNANT LEUR ACCOMPLISSEMENT.

1. Les tâches essentielles du service vétérinaire d'Etat sont :

a) L'organisation et la mise en pratique des mesures destinées à prévenir et à faire cesser les maladies contagieuses et épidémiques des animaux domestiques ;

b) L'organisation de l'inspection vétérinaire-sanitaire ;

c) L'organisation des secours vétérinaires-médicaux à la population ;

d) La protection de la santé populaire contre les maladies contagieuses et parasitaires communes à l'homme et aux animaux.

2. Au Commissariat du Peuple pour l'Agriculture dans le domaine du service vétérinaire, incombent, pour l'accomplissement des tâches exposées à l'article 1er :

1º L'élaboration d'un plan d'ensemble de toutes les mesures vétérinaires et la direction de leur mise en pratique ;

2º La protection des frontières terrestre et maritime de la R. S. F. S. R. contre l'importation de maladies contagieuses et épidémiques des animaux, et l'organisation, aux frontières intérieures comme à la frontière d'Etat, de cordons de quarantaine protecteurs;

3. L'organisation des mesures de lutte contre les maladies contagieuses et épidémiques des animaux ;

4º La direction générale et l'organisation de la surveillance sanitaire vétérinaire des abattoirs, des points d'abatage, des glacières et autres dépôts de produits de boucherie ; des lieux de commerce et de transformation de ces produits ; de tous les lieux de rassemblement et de commerce d'animaux ; des lieux et établissements de travail et d'utilisation et de commerce des produits animaux bruts, ainsi que de tous les établissements et entreprises d'Etat, coopératifs et particuliers où le présent Code prévoit la nécessité d'une surveillance sanitaire permanente (parag. b) de l'art. 12) ;

5º La direction générale du service vétérinaire-médical et l'organisation, dans les secteurs vétérinaires, d'infirmeries, d'ambulances, de points de pansement, ainsi que d'un service de secours vétérinaires à domicile pour la population ;

6º La direction du travail culturel vétérinaire et son organisation ;

7º L'établissement d'un réseau général de points de passage sanitaires vétérinaires pour surveiller les déplacements des animaux et des produits animaux bruts par les voies terrestres, ferrées et fluviales ;

8º L'organisation d'un réseau de secteurs vétérinaires ;

9º L'élaboration et l'exécution de projets d'actes législatifs concernant les mesures vétérinaires ;

10º La participation à l'élaboration de traités et de conventions internationaux pour les parties concernant : *a*) la protection des frontières d'Etat de la R. S. F. S. R. contre l'importation d'épizooties du dehors ; *b*) les moyens d'assurer le bon état, au point de vue vétérinaire-sanitaire, des animaux et des produits bruts exportés du territoire de la R. S. F. S. R. dans les Etats étrangers ou importés [dans ce territoire] ; *c*) le commérce d'animaux et de produits animaux bruts ;

11º La participation à des mesures ayant pour but l'organisation régulière de l'enseignement vétérinaire et la collaboration à son développement ;

12º La participation à l'élaboration des bases de l'assurance d'Etat contre l'épizootie pour les animaux domestiques ;

13º L'organisation d'une statistique vétérinaire et le recensement de tout le personnel vétérinaire.

Remarque. — Un recensement spécial du personnel vétérinaire est effectué par le Commissariat du Peuple pour la Guerre.

14º L'organisation d'[un service d'] expertise d'Etat pour les questions vétérinaires ;

15º L'organisation et le développement d'un réseau d'instituts scientifiques de recherches et d'expériences, de laboratoires et de cabinets de diagnostic ;

16º La participation à l'étude des questions qui se rattachent à une organisation régulière des services vétérinaires-sanitaires de l'armée Rouge, ainsi que le contrôle de leur travail.

Remarque 1. — Les commissariats du Peuple pour l'agriculture, dans toutes les républiques socialistes soviétiques qui en possèdent, ont le droit de participer à l'étude des questions qui se rattachent à une organisation régulière des services vétérinaires de l'armée Rouge, et au contrôle de leur travail.

Remarque 2. — Les commissariats du Peuple pour l'agriculture dans les républiques socialistes soviétiques ont le droit, par un accord établi entre eux, de charger l'un d'eux, au nom de tous les autres, de participer, conjointement avec le département de la guerre, à l'étude des questions d'ordre vétérinaire militaire.

Remarque 3. — Les ordonnances du Commissariat du Peuple pour l'Agriculture concernant la lutte contre les épizooties sont obligatoires pour les services vétérinaires de l'armée Rouge.

Remarque 4. — Toutes les mesures exigeant une exécution concertée et coordonnée par les organes des services vétérinaires militaires et civils sont prises en vertu d'un accord entre les départements mentionnés au présent paragraphe et aux remarques y jointes, avec recours, s'il y a lieu, à l'approbation du Conseil du Travail et de la Défense.

17º La mobilisation, en la forme établie, du personnel vétérinaire pour la lutte contre les épizooties dans la République.

Remarque. — Le personnel vétérinaire de l'armée

Rouge ne peut être mobilisé pour la lutte contre les épizooties dans la République qu'avec le consentement du Conseil Révolutionnaire de la Guerre de L'U. R. S. S. et par son ordre.

18° La surveillance de tous les laboratoires, usines et autres entreprises qui préparent des sérums prophylactiques et thérapeutiques, des préparations bactériologiques, pharmaceutiques et autres pour la pratique vétérinaire.

19° Le contrôle des préparations fabriquées par les établissements indiqués au paragraphe 18 et importées de l'étranger.

20° La surveillance des médecins-vétérinaires et des officiers de santé-vétérinaires faisant de la pratique libre ainsi que de toutes infirmeries, ambulances et autres établissements vétérinaires.

21° La création, dans les campagnes, de comités de patronage sanitaires vétérinaires, ayant pour but d'amener la population à participer à l'exécution des mesures destinées à prévenir et à faire cesser les maladies contagieuses et épidémiques d'animaux domestiques.

Remarque. — Les comités de patronage sanitaires vétérinaires sont formés en vertu de dispositions spéciales des comités exécutifs de *gouvernement* et de district.

DEUXIÈME PARTIE

LUTTE CONTRE LES MALADIES CONTAGIEUSES ET ÉPIDÉMIQUES DES ANIMAUX

TITRE I

Dispositions générales

3. Les mesures établies dans le présent titre en vue de prévenir et de faire cesser les maladies contagieuses et épidémiques s'étendent à toutes les espèces d'animaux et d'oiseaux domestiques.

4. Les mesures vétérinaires-sanitaires prévues par le présent Code sont prises contre les maladies contagieuses et épidémiques suivantes d'animaux et d'oiseaux domestiques :

1º Peste bovine ;

2º Péripneumonie épidémique des bovidés ;

3º Fièvre aphteuse ;

4º Peste sibérienne [charbon] ;

5º Charbon symptomatique ;

6º Tuberculose ;

7º Rage ;

8º Septicémies hémorragiques des animaux domestiques et sauvages ;

9º Avortement infectieux chez les bovidés et chez les chevaux ;

10º Vaginite des bovidés;

11º Gale ;

12º Peste des ovidés ;

13º Morve des solipèdes ;

14º Lymphangite épizootique, (morve africaine) des chevaux ;

15º Gourme des chevaux ;

16º Influenza et pleuropneumonie contagieuse des chevaux ;

17º Dourine des chevaux ;

18º Méningite cérébro-spinale des chevaux ;

19º Rouget des porcs ;

20º Peste des porcs ;

21º Choléra des poules ;

22º Peste des poules ;

23º Diphtérie des oiseaux.

Remarque. — En cas de nécessité, les mesures indiquées dans le présent Code peuvent être étendues également, par ordre du Commissariat du Peuple pour l'Agriculture, à d'autres maladies contagieuses et épidémiques d'animaux et à des espèces d'animaux autres que les [animaux] domestiques.

5. Les animaux sont répartis, d'après le danger de maladie ou de diffusion de maladie qu'ils présentent, en trois catégories:

a) [Animaux] manifestement atteints de maladie contagieuse, c'est à dire ayant les signes certains de la maladie donnée ;

b) [Animaux] suspects de maladie, c'est-à-dire présentant des symptômes non manifestes de maladie, susceptibles seulement de faire naître le soupçon d'atteinte de la maladie contagieuse donnée, mais insuffisamment caractéristiques pour une définition exacte de cette maladie ;

c) animaux suspects de contagion, reconnus tels au cours d'une période déterminée, établie spécialement pour chaque maladie particulière, bien qu'ils ne révèlent pas encore de symptômes de maladie contagieuse, mais qui ont été en contact avec des animaux atteints ou suspects de cette maladie, ou avec des objets contaminés, et qui se trouvent, d'une manière générale, dans des conditions de contagion possible.

TITRE II

Mesures destinées à prévenir ou à faire cesser les maladies contagieuses

CHAPITRE I

Mesures de protection de la R. S. F. S. R. contre l'importation de maladies contagieuses et épidémiques de l'étranger.

6. Les animaux et produits bruts importés des Etats étrangers doivent être accompagnés d'attestations de leur bon état [au point de vue] sanitaire-vétérinaire, délivrées par les médecins et les vétérinaires officiels du pays d'où proviennent ces animaux et ces produits bruts [et] certifiées par les représentations compétentes de l'U. R. S. S. à l'étranger.

7. Les animaux et les produits bruts amenés dans la R. S. F. S. R. en provenance d'Etats étrangers où la surveillance vétérinaire-sanitaire manque ou est faiblement organisée [ne] peuvent être admis: les

animaux — [qu']après avoir subi une quarantaine d'observation établie à la frontière ; les produits — [qu'] avec observation des conditions établies par des règlements spéciaux.

8. Il n'est permis d'amener ou de transporter des animaux, de même que de livrer des produits animaux bruts en provenance d'Etats étrangers qu'en passant par des points-frontières établis à cet effet par le Comissariat du Peuple pour l'Agriculture correspondant, d'accord avec les départements intéressés, ces points pouvant être soit inclus dans les cordons de quarantaine protecteurs, soit extérieurs à eux, — et à condition d'observer les règlements spéciaux publiés par le Commissariat du Peuple pour l'Agriculture de la R. S. F. S. R., d'accord avec le Commissariat du Peuple pour le Commerce Extérieur et la Direction Politique d'Etat Unifiée.

En ce qui concerne l'arrestation soit des délinquants eux-mêmes, coupables d'infraction à la loi, soit la saisie des animaux ou des produits animaux bruts amenés ou transportés clandestinement à travers la frontière et l'accomplissement des premières enquêtes, le personnel vétérinaire spécial et auxiliaire qui est chargé d'assurer la protection des frontières, et la garde sanitaire vétérinaire jouissent des droits de la milice, conformément à l'article 97 du Code de Procédure de la R. S. F. S. R.

Rédaction de l'ordonnance du V. TS. I. K. et du S. N. K. du 29 juin 1925 (*Izvestiia* du TS. I. K. de l'U. R. S. S. et du V. TS. I. K., n° 157, du 12 juillet 1925).

9. Le nombre des points de passage peut être limité temporairement, d'après le degré de mauvaise

situation des Etats étrangers quant aux maladies contagieuses d'animaux.

10. L'accès de la R. S. F. S. R. et le transit, par ce territoire, d'animaux ainsi que de produits animaux bruts, de substances alimentaires susceptibles d'être des sources d'importation de contagion d'Etats étrangers qui apparaissent dangereux quant aux maladies contagieuses d'animaux, peuvent être interdits pour des périodes fixées par le Commissariat du Peuple pour l'Agriculture, d'accord avec le Commissariat du Peuple pour les Affaires Etrangères.

11. Lorsque surgit un danger spécial d'importation de maladies contagieuses d'Etats étrangers, les mesures prévues aux articles 9 et 10 peuvent être prises, dans les cas exceptionnels, par les comités exécutifs du *gouvernement* du rayon frontière, sous réserve d'informer immédiatement par télégraphe le Commissariat du Peuple pour l'Agriculture des mesures prises et des causes qui les ont provoquées.

Chapitre II

Mesures générales destinées à prévenir et à faire cesser les maladies contagieuses et épidémiques d'animaux à l'intérieur de la R. S. F. S. R.

12. En vue de prévenir et de faire cesser les maladies contagieuses et épidémiques d'animaux, il est institué une surveillance sanitaire vétérinaire permanente :

a) Sur le déplacement de toute espèce d'animaux et d'oiseaux domestiques, ainsi que sur le transport de produits animaux bruts par les voies terrestres, ferrées et fluviales ;

b) Sur les lieux où les animaux sont rassemblés en grand nombre, ainsi que sur les lieux de réception, de conservation, de vente et de transformation de produits animaux bruts : abattoirs et points d'abatage, équarrissoirs, abattoirs d'oiseaux, parcs à bestiaux, foires de bétail, marchés, auberges, relais de poste, lieux de nourrissage des animaux et d'engraissage des oiseaux, parcs d'élevage, fermes laitières et établissements de *koumys* (1), haras, points de monte, ventes aux enchères et expositions d'animaux et d'oiseaux, chemins de halage pour la traction des bateaux par chevaux, infirmeries vétérinaires, points et stations d'inspection des viandes, glacières, dépôts de produits animaux bruts, usines travaillant ces produits (tanneries, pelleteries, usines de broyage, fabriques de colle animale et autres), usines de calcination, [usines] d'utilisation et autres établissements pour l'utilisation des animaux malades ou morts, lieux d'enfouissement des animaux (fosses), lieux affectés à l'autopsie des cadavres, locaux d'isolement pour les animaux suspects, etc.

13. Les conditions et le mode d'ouverture, d'aménagement, d'équipement en conformité avec les exigences sanitaires vétérinaires, d'entretien et d'activité des établissements qui se rattachent à la surveillance du déplacement des animaux et des produits animaux bruts, des lieux de leur rassemblement et de leur commerce, des lieux de conversation et de transfor-

---

1. [Lait de jument.]

mation des produits animaux bruts (art. 12), de même que le mode de réalisation de la surveillance elle-même — sont fixés par des règlements et des instructions spéciaux, publiés par le Commissariat du Peuple pour l'Agriculture conjointement avec le Commissariat du Peuple pour l'Intérieur, d'accord avec le Commissariat du Peuple pour l'Hygiène et les autres départements intéressés.

14. Pour prévenir et faire cesser les maladies contagieuses et épidémiques, les mesures suivantes sont appliquées :

1º Enregistrement des cas de maladies contagieuses et épidémiques d'animaux et d'oiseaux domestiques contre lesquelles, conformément à l'article 4 du présent Code, sont instituées des mesures destinées à les faire cesser ;

2º Abatage des animaux avec autorisation de les employer ensuite pour la consommation, dans les lieux d'apparition de la maladie, ou dans les abattoirs et les points d'abatage placés sous la surveillance vétérinaire ;

3º Abatage des animaux avec autorisation d'utiliser ensuite leurs cadavres au moyen d'un traitement technique, ou avec [leur] destruction par incinération ou par enfouissement ;

4º Inoculations : — préventives et obligatoires, de traitement et de diagnostic ;

5º Traitement des animaux malades ou suspects de maladie par le vétérinaire qualifié, avec interdiction, dans les cas voulus, à d'autres personnes de faire ce traitement ;

6º Isolement (mise en quarantaine) des animaux

avec application de la surveillance vétérinaire;_ pendant le temps qu'ils y seront soumis, les animaux doivent être tenus dans des locaux séparés, avec interdiction : de les mener aux pâturages communs, aux abreuvoirs communs, et d'une manière générale, hors des limites de ces locaux ou de ces lieux, de laisser approcher d'eux d'autres animaux et des personnes étrangères, de les abattre pour la consommation et autres destinations sans inspection et autorisation préalables par le vétérinaire compétent ;

7º Etablissement de l'observation vétérinaire des animaux : ceux-ci, pendant le temps qu'ils y seront soumis, seront gardés dans les conditions ordinaires ; toutefois il est interdit de les vendre, et de les abattre pour la consommation, sans inspection et autorisation du vétérinaire;

8º Recensement des animaux présents, [contrôle] de leur augmentation et leur diminution, examen général ou partiel des animaux au point contaminé ou dans la localité suspecte ;

9º Interdiction d'emmener ou d'exporter des animaux réceptifs vis-à-vis de la contagion, et d'exporter les produits bruts tirés d'animaux de ce genre hors du point contaminé et des localités déclarées suspectes quant à une maladie contagieuse, sans autorisation spéciale du vétérinaire compétent à cet effet ;

10º Interdiction d'amener dans les limites du point contaminé ou de la localité suspecte des animaux réceptifs vis-à-vis de la maladie apparue, d'y passer monté sur eux ou de les y mener en pâture;

11º Etablissement de chemins détournés pour mener les animaux à la pâture ;

12º Interdiction de lâcher en liberté porcs, chats, chiens, oiseaux et autres petits animaux domestiques, qui, sans être réceptifs vis-à-vis de la maladie donnée, peuvent néanmoins propager la contagion;

13º Changement de pâturage et d'abreuvoir pour le contingent d'animaux [demeuré] sain ;

14º Interdiction de la pâture, de l'abreuvoir et de la baignade communs pour les animaux réceptifs quant à la contagion de la maladie apparue;

15º Interdiction des montes ;

16º Interdiction de faire à des animaux, sans l'autorisation du vétérinaire compétent, des opérations sanglantes, y compris la castration, dans les exploitations ou les points suspects, quand il y existe des maladies contagieuses qui peuvent rendre ces opérations dangereuses ;

17º Apposition, en cas de nécessité, de plombs et de marques sur les animaux d'une exploitation contaminée, ainsi que mise sous scellé des stalles et des locaux séparés ;

18º Limitation de l'accès du public aux exploitations contaminées et interdiction aux personnes qui sont en contact avec des animaux et des objets contaminés de toucher des animaux réceptifs vis-à-vis du virus, sans désinfection préalable des mains, des pieds, des vêtements, des chaussures, sur l'indication du vétérinaire ;

19º Interdiction de transporter hors des points contaminés ou de la localité suspecte des produits animaux bruts, des fourrages et des objets volumineux et autres pouvant devenir une source de propagation de la contagion, sans autorisation du vétérinaire compétent ;

20° Interdiction de vendre, de préparer, pour être employés à l'alimentation des gens et à la nourriture des animaux, des produits lactés et tous autres provenant d'animaux malades et suspects d'atteinte de maladies contagieuses, sans avoir préalablement assuré l'innocuité de ces produits;

21° Interdiction, dans les cas voulus, de transporter des produits animaux bruts sans l'emballage et la désinfection exigés par les instructions publiées à ce sujet ;

22° Enlèvement, pour être ensuite incinérés, ou enfouis à la profondeur voulue, des cadavres avec les peaux, de la litière, du fumier et autres déchets provenant d'animaux malades ou suspects de maladie; également destruction de tous objets infectés ne pouvant être soumis à un nettoiement ou à une désinfection :

23° Nettoyage et désinfection du local où se trouvent des animaux malades ou suspects d'atteinte de maladies contagieuses, ainsi que des objets qui ont été en contact avec ces animaux ou avec les produits animaux bruts et déchets tirés de ces animaux ;

24° Interdiction, au point infecté, d'expositions, ventes aux enchères, foires et autres rassemblements d'animaux, ou limitation de ces rassemblements en n'y amenant ou en n'y transportant que des animaux d'espèces déterminées ;

25° Etablissement de barrières de quarantaine ou de lignes de quarantaine de protection aux points infectés ou dans les localités suspectes ;

26º Annonce déclarant en mauvais état quant à une maladie contagieuse donnée les points où a été découverte une maladie contagieuse ou épidémique, et aussi, dans les cas voulus, des localités voisines ; quant aux localités plus éloignées, mais ayant des liens économiques avec des localités suspectes, où la maladie peut être propagée, — [annonce les déclarant] menacées, et notification de la chose à la population ;

27º Large diffusion des notions propres à éclairer la population sur l'essence de la maladie apparue, les moyens de la prévenir et de lutter contre elle ;

28ᶜ Interdiction temporaire, dans des rayons entiers (formés de plusieurs *gouvernements*), de faire suivre aux animaux leurs voies de terre [spéciales], et établissement du transport obligatoire pour eux par voie ferrée.

Les mesures exposées aux paragraphes 1, 23 et 27 du présent article sont appliquées pour toutes les maladies contagieuses et épidémiques indiquées à l'article 4 du présent Code.

Quant aux mesures exposées dans les autres paragraphes du présent article, elles sont appliquées à l'occasion de maladies contagieuses isolées, d'après la nature de chaque maladie, sur les bases indiquées aux articles 15-54 du présent Code.

Chapitre III

Mesures spéciales
contre les maladies contagieuses isolées

Peste bovine

15. Selon le degré de propagation de la peste bovine, la désignation des animaux, et les conditions locales, on appliquera soit l'abatage général des bêtes malades, suspectes de maladies ou d'infection, soit les inoculations antipesteuses pour les bêtes suspectes d'infection, ainsi que le traitement par sérum pour les bêtes suspectes de maladie, et l'abatage des bêtes manifestement malades.

16. Dans le cas d'application de l'abatage d'animaux suspects d'infection, l'utilisation des produits de l'abatage peut être autorisée, sous condition d'observer les règles spéciales.

17. Les points envahis par la peste et les localités déclarées en mauvais état quant à la peste sont isolés par des barrières ou des cordons de quarantaine, avec application, auxdits points et localités, des mesures nécessaires parmi celles qui sont prévues à l'article 14 du présent Code.

18. Les points infectés sont déclarés sains quant à la peste à l'expiration d'un délai de 21 jours, en faisant partir ce délai du dernier cas d'abatage, d'épizootie ou de guérison, ainsi que de l'achèvement de la désinfection des locaux contaminés ou suspects.

PÉRIPNEUMONIE ÉPIDÉMIQUE DES BOVIDÉS

19. Les animaux manifestement malades sous forme aiguë ou chronique, de même que ceux qui sont suspects de maladie, doivent être abattus.

20. En cas d'importation de péripneumonie épidémique dans des rayons jusqu'alors indemnes quant à cette maladie, les animaux suspects d'infection doivent également être abattus.

21. Dans les rayons et les localités où s'est propagée depuis longtemps et dans de fortes proportions la péripneumonie épidémique, les animaux at'eints ou suspects doivent être abattus; on peut appliquer aux animaux suspects l'inoculation obligatoire (parag. 4 de l'art. 14), et ces animaux sont placés sous une surveillance vétérinaire (parag. 6 de l'art. 14). Dans ces rayons et localités l'inoculation préventive est autorisée également.

22. La chair des animaux abattus (art. 19, 20 et 21) peut être employée pour l'alimentation sur la base des règles du triage des produits de boucherie; quant aux peaux, elles ne peuvent être utilisées qu'après leur désinfection préalable.

23. Dans les localités déclarées en mauvais état quant à l'inflammation épidémique des poumons, toutes les bêtes à cornes sont mises en observation vétérinaire (parag. 7 de l'art. 14) avec application du paragraphe 9 de l'article 14.

24. Sont en outre appliquées dans les points contaminés les mesures respectivement requises, entre celles qui sont indiquées aux paragraphes 8-14, 17-21, 24-26 de l'article 14.

FIÈVRE APHTEUSE

25. Sur le point infecté de fièvre aphteuse et dans la localité en mauvais état sont appliquées les mesures requises, entre celles qui sont indiquées aux paragraphes 5-15, 17-21. 24-26 de l'article 14 du présent Code.

26. Dans les exploitations, troupeaux ou lots [d'animaux] infectés, il est procédé, en cas de nécessité, à un abatage général.

PESTE SIBÉRIENNE [CHARBON]
ET CHARBON SYMPTOMATIQUE

27. Dans les exploitations, troupeaux et villages en mauvais état, ainsi que dans les localités déclarées en mauvais état, sont appliquées les mesures requises, entre celles qui sont prévues à l'article 14 du présent Code, à l'exception de celles qui sont indiquées aux paragraphes 2, 3 et 28.

TUBERCULOSE

28. Les animaux manifestement malades et présentant en outre des signes d'épuisement général ou une affection du pis sont abattus (parag. 2 de l'article 14).

29. Les animaux ne présentant pas les symptômes indiqués à l'art. 28, mais reconnus malades ou suspects de maladie, sont isolés et demeurent sous la surveillance vétérinaire (parag. 6 de l'art. 14); en ce cas, leur lait ne peut être employé pour l'alimentation des gens et des animaux qu'après une désinfection préalable.

30. Les animaux suspects sont tenus en observation vétérinaire (parag. 7 de l'art. 14).

31. La tuberculinisation et autres procédés pour reconnaître [la présence de] la tuberculose peuvent être appliqués pour dégager le caractère de la maladie en ce qui concerne les animaux suspects ainsi que les autres bêtes à cornes de l'exploitation contaminée.

RAGE

32. Les animaux atteints de la rage seront abattus (parag. 3 de l'art. 14).

33. S'ils sont suspects d'atteinte de la rage :

a) Les chiens et les chats seront abattus (parag. 3 de l'art. 14).

b) Les autres animaux peuvent être laissés sous la surveillance vétérinaire (parag. 6 de l'art. 14) jusqu'à ce que le caractère de la maladie soit éclairci.

Remarque. — Afin qu'un secours régulier puisse être porté aux personnes, en cas de morsures de chiens ou chats suspects d'atteinte de la rage, ces animaux doivent être maintenus sous la surveillance vétérinaire dans des conditions d'entretien qui ne présentent aucun danger, jusqu'à ce que le caractère de la maladie soit éclairci.

34. Après avoir été mordus par des animaux enragés :

a) Les chiens et les chats seront abattus;

b) Les autres animaux seront maintenus sous une surveillance vétérinaire (parag. 6 de l'art. 14) et pourront être soumis à des inoculations préventives.

35. Les chiens et les chats suspects de morsures

d'animaux enragés seront laissés pour un temps déterminé sous la surveillance vétérinaire (parag. 6 de l'art. 14). Si leurs possesseurs ou les personnes qui les remplacent refusent de les laisser sous cette surveillance ou ne se conforment pas aux conditions de cette surveillance, les chiens et les chats seront abattus.

36. Dans les limites [du territoire] de la localité suspecte, tous les chiens devront être gardés à l'attache ou muselés. Les chiens qui, en violation de cette disposition, se trouveraient en liberté et sans muselière, seront abattus.

Septicémies hémorragiques

37. Pour la septicémie hémorragique sont appliquées les mesures requises, parmi celles qui sont indiquées à l'article 14, à l'exception des paragraphes 2, 3, 24, 25, et 28.

Avortement infectieux chez les bovidés et les chevaux

38. Après l'avortement, les animaux malades seront maintenus sous la surveillance vétérinaire (parag. 6 de l'art. 14), et les autres animaux de l'exploitation — en observation vétérinaire (parag. 7 de l'art. 14), avec application des paragraphes 5, 8, 14, 15 et 26 de l'article 14.

Gale

39. Aux animaux atteints ou suspects seront appliquées les mesures exposées aux paragraphes 5, 7, 8, 14, 15, et 26 de l'article 14.

PESTE DES OVIDÉS

40. Les ovidés atteints [ou] suspects de maladie ou suspects d'infection seront maintenus sous une surveillance vétérinaire (parag. 6 de l'art. 14); des inoculations peuvent être faites aux ovidés suspects d'infection d'une exploitation ou d'un point en mauvais état [sanitaire]. Il sera fait en outre application des mesures du nombre de celles qui sont indiquées aux paragraphes 8-14, 17-22, 24-26 de l'article 14.

41. Les inoculations préventives contre la peste, dans les localités qui en sont indemnes, sont interdites.

MORVE

42. Les chevaux, ânes, mulets, mules, chez qui le vétérinaire aura découvert les symptômes indubitables de la morve, seront abattus (parag. 3 de l'art. 14).

43. Les chevaux, ânes, mulets, mules suspects seront laissés sous la surveillance vétérinaire (parag. 6 de l'art. 14); ceux qui sont suspects d'infection — en observation vétérinaire (parag. 7 de l'article 14) jusqu'à ce que soit déterminé par les moyens établis le caractère de la maladie. Il leur sera appliqué en outre les mesures requises, entre celles qui sont prévues aux paragraphes 8, 17, 18, 22, et 26 de l'article 14 du présent Code.

LYMPHANGITE ÉPIZOOTIQUE (MORVE AFRICAINE) DES CHEVAUX

44. Les chevaux malades ou suspects de maladie doivent être tenus sous une surveillance vétérinaire

avec application de traitement (parag. 5 et 6 de l'art. 14). Seront appliqués en outre les mesures indiquées au paragraphe 22 de l'article 14.

GOURME

45. Les chevaux atteints de la gourme ou suspects de cette maladie doivent être tenus sous une surveillance vétérinaire (parag. 6 de l'art. 14), avec application de traitement (parag. 5 de l'art. 14), et les chevaux suspects d'infection, — mis en observation vétérinaire (parag. 7 de l'art. 14).

INFLUENZA ET PLEUROPNEUMONIE CONTAGIEUSE DES CHEVAUX

46. Les chevaux atteints ou suspects de maladie seront tenus sous une surveillance vétérinaire (parag. 6 de l'art. 14) avec application de traitement, et les chevaux suspects d'infection — mis en observation vétérinaire (parag. 7 de l'art. 14).

DOURINE DES CHEVAUX

47. Dans une exploitation contaminée, tous les chevaux atteints [ou] suspects de maladie, ou suspects d'infection ne sont pas acceptés à la monte; ceux qui sont malades ou suspects de maladie seront tenus sous une surveillance vétérinaire (parag. 6 de l'art. 14) avec application de traitement (parag. 5 de l'art. 14); ceux qui sont suspects d'infection seront mis en observation vétérinaire (parag. 7 de l'art. 14).

Rouget et peste de porcs

48. Les porcs malades [ou] suspects de maladie, ou suspects d'infection seront tenus sous une surveillance vétérinaire (parag. 6 de l'art. 14) avec application de traitement (parag. 5 de l'art. 14).

49. L'inoculation obligatoire (parag. 4 de l'art. 14) peut être appliquée aux animaux suspects d'infection.

50. L'inoculation préventive (parag. 4 de l'art. 14) peut être appliquée dans les localités suspectes.

51. Dans les localités ou la propagation du rouget et de la peste des porcs est insignifiante, ou bien où l'importation de ces maladies est accidentelle, on peut appliquer l'abatage des porcs malades ou suspects (parag. 2 de l'art. 14).

Choléra des poules, peste des poules, dipthérie des oiseaux

52. Les oiseaux atteints [ou] suspects de maladie ou suspects d'infection seront tenus sous une surveillance vétérinaire (parag. 6 de l'art. 14) avec application de traitement (parag. 5 de l'art. 14).

53. Les oiseaux suspects d'atteinte de choléra peuvent être soumis à l'inoculation.

54. Lors de la découverte de cas isolés de choléra des oiseaux, de peste des poules et de diphtérie dans une localité jusqu'alors indemne, l'abatage des oiseaux atteints ou suspects peut être appliqué (parag. 3 de l'art. 14).

TROISIÈME PARTIE

SURVEILLANCE SANITAIRE VÉTÉRINAIRE

TITRE I

Surveillance sanitaire vétérinaire de la circulation des animaux et des produits animaux bruts

55. Le transport d'animaux par voies ferrées et fluviales, indépendamment de leur quantité et de leur destination, n'est admis qu'à condition qu'ils soient pourvus :

a) D'un certificat de bon état [sanitaire], au sens d'absence de maladies contagieuses, du lieu de provenance (d'achat) des animaux, délivré par le vétérinaire ou l'aide-vétérinaire compétents, et, à leur défaut, par les organes locaux du pouvoir ;

b) D'un certificat de l'état sanitaire des animaux, au sens d'absence de symptômes de maladies contagieuses, délivré par le vétérinaire compétent au premier point d'inspection des animaux.

Remarque 1. — Les règles indiquées au présent article s'étendent également aux animaux à destination commerciale ou industrielle, ou qui doivent être soit transférés d'une région à une autre, soit vendus par troupeaux — quand ils voyagent par terre.

Remarque 2. — Dans les cas indiqués par une instruction spéciale du Commissariat du Peuple pour l'Agriculture, les animaux transportés ou conduits porteront sur le corps des marques imprimées ou autres signes qui ne devront pas s'enlever facilement.

Remarque 3. — Le mode de transport par voies ferrées ou fluviales des petits d'animaux de petite taille et d'oiseaux est fixé par une instruction spéciale, publiée par le Commissariat du Peuple pour l'Agriculture, d'accord avec les départements intéressés.

56. Dans leur déplacement en troupe, les animaux indiqués dans la remarque 1 sous l'article 55, doivent suivre les chemins et les grandes routes fixés à cet effet par les comités exécutifs de *gouvernement* ([ou] comités exécutifs de région) et ne peuvent pénétrer sur le territoire des *gouvernements* ([ou des] régions) que par les points établis par un accord entre les comités exécutifs de *gouvernement* (comités exécutifs de région) de ces *gouvernements* (régions).

57. Le chargement et le déchargement de lots et troupeaux d'animaux destinés à la vente sont autorisés exclusivement aux stations de chemins de fer, aux embarcadères fluviaux et maritimes désignés et appropriés à cette fin, sous la condition absolue d'une inspection vétérinaire.

58. L'exportation de produits animaux bruts ne peut se faire librement qu'en provenance de localités en bon état [sanitaire] quant aux maladies contagieuses, ce qui est attesté par un certificat du vétérinaire ou de l'aide vétérinaire compétent, ou, en leur absence, du soviet de village, du comité exécutif de *volost*, ou du comité exécutif de district, selon le cas.

59. Il est nécessaire, pour exporter des produits matériaux bruts de localités en mauvais état [sanitaire] ou déclarées menacées de maladies contagieuses, d'être muni, dans chaque cas distinct, d'une autorisation spéciale du vétérinaire compétent dans le ressort duquel se trouve la localité donnée.

60. Les produits animaux bruts exportés sans certificat vétérinaire de points où existent des maladies contagieuses ou de localités en mauvais état [sanitaire] ou déclarées menacées quant à ces maladies, doivent être, selon la nature de la maladie, désinfectés sur place, transformés dans l'usine d'utilisation la plus proche, ou détruits, au cas où il serait impossible de prendre les mesures [susdites].

61. Les produits susceptibles de se décomposer doivent être détruits ou transformés dans des usines d'utilisation.

62. Les produits animaux bruts comprennent : les animaux tués et nettoyés, avec leurs parties et leurs organes, la viande salée, la graisse non fondue, les estomacs, les boyaux, les peaux et les dépouilles brutes, le sang, les os, les cornes, les sabots [ou cornes des pieds], la laine, le poil, la soie, les crinières et les queues.

63. Le mode et les conditions de voyage des animaux et des produits animaux bruts par voies de terre, de fer et d'eau sont fixés par des règlements et instructions publiés par le Commissariat du Peuple pour l'Agriculture, d'accord avec les départements intéressés.

64. L'abatage d'animaux domestiques de toute espèce pour la boucherie dans un but d'industrie doit

avoir lieu dans des abattoirs spécialement outillés ou à des points d'abatage appropriés, placés sous une surveillance sanitaire vétérinaire permanente.

TITRE II

Surveillance sanitaire vétérinaire des abattoirs, des produits animaux de boucherie et autres.

65. L'administration de la partie sanitaire vétérinaire dans les abattoirs incombe aux vétérinaires, et, dans les petits abattoirs et les points d'abatage — aux aides-vétérinaires, sous la direction générale du vétérinaire compétent.

66. Tous les animaux abattus pour la boucherie dans les abattoirs et aux points d'abatage doivent subir une inspection vétérinaire avant et après l'abatage; la viande de porc doit être soumise à un examen microscopique obligatoire pour la trichine. Les animaux tués et nettoyés, et leurs parties, doivent obligatoirement être marqués.

67. Dans le cas où il serait nécessaire, avant leur mise en vente, d'assurer préalablement l'innocuité de produits de boucherie reconnus de qualité non complètement bonne, mais acceptable pour la consommation (par salaison, cuisson, stérilisation), l'opération doit avoir lieu dans les abattoirs mêmes ou dans des établissements spéciaux aménagés à cet effet.

68. Les animaux tués, les parties d'animaux, les organes ainsi que les autres produits et déchets d'animaux de boucherie, mis au rebut lors de l'inspection, comme impropres à la consommation, sont désinfec-

tés ou admis à utilisation pour des besoins techniques; dans le cas où l'une et l'autre chose seraient impossibles, ils sont détruits. ·

69. L'abatage d'animaux non destinés à être employés pour la consommation ainsi que le travail des produits animaux mis au rebut, des cadavres et de leurs parties, dans un but industriel, ne sont autorisés que dans des usines d'utilisation et autres établissements spéciaux d'utilisation des animaux malades et des cadavres.

70. Les animaux gardés dans les établissements indiqués à l'article 69, ainsi qu'aux établissements d'utilisation des produits animaux bruts et aux lieux où ceux-ci sont conservés, ne doivent pas être admis dans les troupeaux communs de bétail et de chevaux; à chaque cas de maladie ou de mort, à chaque entrée nouvelle d'animal, les possesseurs ou les personnes qui les remplacent sont tenus d'en informer immédiatement le vétérinaire compétent.

71. Tous les produits de boucherie bruts amenés dans les villes et dans les gros villages doivent, avant leur mise en vente, être soumis à une inspection par la surveillance sanitaire vétérinaire; la viande de porc, en outre, — à la recherche des trichines.

Remarque.— Le commerce, dans les lieux indiqués au présent article, des produits de boucherie qui n'auraient pas été soumis à une inspection sanitaire vétérinaire et ne porteraient pas les marques établies de cette inspection, est interdit. La liste détaillée des produits animaux soumis à l'inspection obligatoire est établie dans une instruction publiée par le Commissariat du Peuple pour l'Agriculture.

72. Les animaux de boucherie tués et nettoyés, leurs parties et autres produits de boucherie ne sont acceptés dans les lieux de conservation que s'ils portent visiblement les marques établies de l'inspection sanitaire vétérinaire et n'en sortent qu'après une inspection sanitaire vétérinaire, avec délivrance d'une attestation de cette inspection.

73. Les juments à *koumys* et autres chevaux qui sont dans des établissements de traitement par le *koumys* sont soumis, indépendamment de la surveillance sanitaire vétérinaire permanente, [et] immédiatement avant l'ouverture de la saison de *koumys*, à l'examen du vétérinaire, en vue d'établir leur bon état sanitaire quant à la morve; faute de quoi, la production du *koumys* ou du *képhir* (1) n'est pas autorisée.

74. Les conditions d'ouverture, d'installation et de fonctionnement, en conformité avec les exigences sanitaires vétérinaires, des établissements et lieux de commerce d'animaux et de produits animaux bruts énumérés dans le présent titre, de même que le mode de surveillance sanitaire vétérinaire à leur appliquer, d'inspection, de mise au rebut, d'interdiction de vente de produits de boucherie et d'application des autres mesures prévues au paragraphe 20 de l'article 14 et à l'article 29 du présent Code, — sont fixés par des règlements et des instructions publiés dans les formes de l'article 13.

1. [Petit lait fermenté.]

QUATRIÈME PARTIE

ORGANES D'ADMINISTRATION. DROITS ET OBLIGATIONS DES POSSESSEURS D'ANIMAUX ET DES FONCTIONNAIRES

TITRE I

Organisation de la partie vétérinaire

CHAPITRE I

Organes vétérinaires d'administration

75. L'administration et la conduite directes de toutes les branches du service vétérinaire sont réalisées : au centre — par la Direction Vétérinaire Centrale du Commissariat du Peuple pour l'Agriculture, et, dans les *gouvernements* ([ou] régions) — par les organes vétérinaires correspondants des directions agraires, dont le statut organique et les cadres sont fixés dans les formes établies.

Remarque. — La direction de la partie sanitaire vétérinaire de l'armée Rouge est exercée sur la base du paragraphe 16 de l'article 2 du présent Code.

76. La direction technique, dans les limites du district ([ou] du canton, de la circonscription, etc.), des mesures sanitaires vétérinaires et le contrôle du travail des fonctionnaires et des institutions vétéri-

naires et autres appelées à les exécuter incombe aux vétérinaires de district ([ou] de canton, de cercle, etc.).

77. Les unités territoriales fondamentales dans lesquelles est concentrée la lutte contre les épizooties et la surveillance sanitaire vétérinaire du bon état [sanitaire] d'une localité sont les secteurs vétérinaires dont le réseau est établi par le comité exécutif de *gouvernement* ([ou] le comité exécutif de région), sur la proposition de l'organe vétérinaire de *gouvernement* ([ou] de région) conformément aux conditions administratives et [aux conditions] d'élevage locales.

CHAPITRE II

*Droits et obligations des vétérinaires
des aides-vétérinaires
et du personnel vétérinaire auxiliaire*

78. Le droit de faire de la pratique vétérinaire et d'occuper des fonctions vétérinaires dans la R. S. F. S. R. n'est accordé qu'aux personnes possédant le titre de vétérinaire ou d'aide-vétérinaire.

79. Le titre de vétérinaire, dans la R. S. F. S. R., est attribué aux personnes ayant achevé le cours d'études des instituts vétérinaires de l'U. R. S. S. et ayant obtenu les attestations de ce titre établies par la loi.

Remarque. — Les personnes possédant des certificats [diplômes] d'établissements étrangers d'enseignement supérieur vétérinaire d'Etat, établis pour le titre de vétérinaire, ne sont autorisés à faire de la pratique vétérinaire qu'avec l'autorisation du Commissariat du Peuple pour l'Agriculture.

80. Le titre d'aide-vétérinaire dans la R. S. F. S. R , n'est attribué qu'aux personnes ayant achevé le cours des écoles d'aides-vétérinaires avec une scolarité de trois ans au moins ou avec des programmes correspondant à ce cours d'études, et ayant obtenu les certificats à ce établis, ainsi qu'aux personnes ayant achevé le cours d'études des écoles militaires d'aides-vétérinaires d'après le programme de 1907 ou ayant subi un examen pour [l'obtention de] ce titre soit devant les anciennes directions vétérinaires de *gouvernement*, soit dans les écoles d'aides-vétérinaires.

81. Les droits et obligations des vétérinaires et des aides-vétérinaires désignés aux articles 79 et 80, ainsi que des infirmiers vétérinaires, des instructeurs pour le ferrement des animaux, des trichinoscopistes, des préparateurs de laboratoire, gens de service et autre personnel vétérinaire auxiliaire — sont fixés par des règlements spéciaux publiés en forme législative.

82. Les vétérinaires qui font de la pratique libre et tous les aides-vétérinaires, tant ceux qui sont au service de l'Etat que ceux qui font de la pratique libre, sont tenus, pour tous cas de découverte par eux de maladies contagieuses d'animaux, d'en informer immédiatement le vétérinaire du secteur ou tel autre qualifié; jusqu'à son arrivée, ils ne peuvent prendre que des mesures préliminaires pour empêcher l'extension de la contagion.

83. En cas de maladie, de perte de la capacité de travail ou de mort par suite d'infection au cours de l'accomplissement de leurs obligations dans la lutte contre les maladies contagieuses d'animaux, l'Etat assure aux vétérinaires, aides-vétérinaires et autres

travailleurs vétérinaires au service de l'Etat, ainsi qu'à leurs familles, une aide matérielle sur les bases sanctionnées par le Conseil des Commissaires du Peuple.

TITRE II

Obligations des propriétaires d'animaux, des fonctionnaires et des organes d'administration concernant les les mesures d'ordre vétérinaire.

84. Au cas où apparaîtraient chez des animaux des symptômes indiquant qu'ils sont atteints de maladie contagieuse ou épidémique, dans le cas d'épizootie soudaine sans cause apparente, ou d'apparition simultanée de quelques maladies identiques, — les possesseurs d'animaux ou les personnes qui les remplacent sont tenus d'en faire sans délai la déclaration voulue.

Remarque 1. — L'obligation de la déclaration indiquée dans le présent article s'étend également aux personnes qui, en raison de la nature de leurs occupations, sont en contact avec des animaux, des cadavres d'animaux, des produits de boucherie et autres produits animaux bruts.

Remarque 2. — En ce qui concerne les vaches et les chèvres dans les laiteries et vacheries, les juments à *koumys* et autres bêtes chevalines des établissements de traitement au *koumys*, les propriétaires ou leurs remplaçants sont tenus de déclarer toute maladie le jour même.

85. Les renseignements sont adressés au vétérinaire

ou à l'aide-vétérinaire dans le resort duquel se trouve la localité, soit directement, soit par l'intermédiaire des organes du pouvoir local, en la forme établie par les dispositions obligatoires du comité exécutif de *gouvernement* ([ou] comité exécutif de région).

86. A l'apparition d'une maladie suspecte de caractère contagieux, les propriétaires des animaux malades ou leurs remplaçants, ainsi que les représentants du pouvoir local qui ont reçu l'avis d'apparition de la [dite] maladie sont tenus, jusqu'à l'arrivée du vétérinaire ou de l'aide-vétérinaire, d'isoler les animaux atteints, de ne pas en permettre l'abatage pour la boucherie, de ne pas autoriser l'exportation hors de l'exploitation des animaux sains aussi bien que des malades, ni l'exportation des produits animaux bruts et des fourrages.

87. Le vétérinaire ou l'aide-vétérinaire dans le ressort duquel se trouve la localité, est tenu, quand il a reçu des informations sur des maladies suspectes ou sur une épizootie d'animaux domestiques, de se transporter immédiatement sur les lieux, afin de déterminer la maladie apparue et de prendre les mesures nécessaires pour la faire cesser.

88. Afin de pouvoir déterminer exactement et le plus vite possible la maladie, dans les cas où il y a lieu de craindre une importation de la peste, de la péripneumonie des bovidés et des maladies contagieuses des porcs dans une localité jusqu'alors indemne, le vétérinaire a le droit de procéder à l'abatage de l'un des quelques animaux malades, en présence des représentants du pouvoir local et de la population.

89. Si le vétérinaire reconnaît pour contagieuse la maladie qui a fait son apparition, le pouvoir local, dans les cas voulus, constitue, à l'effet de prendre sur le point en mauvais état sanitaire les mesures destinées à arrêter la maladie constatée, une commission exécutive vétérinaire comprenant le vétérinaire, le représentant de la population locale et le représentant du pouvoir local, sous la présidence de ce dernier.

Remarque. — Les limites de la compétence des commissions exécutives vétérinaires et leur mode d'action sont fixés par une instruction spéciale, publiée par le Commissariat du Peuple pour l'Agriculture, conjointement avec le Commissariat du Peuple pour l'Intérieur.

90. L'annonce portant que des points d'habitation ou des *volost* isolés, dans les limites du district, sont en mauvais état ou menacés quant à une maladie contagieuse, et — après que la maladie a cessé, en bon état, est faite par le comité exécutif du district sur avis conforme du vétérinaire de district, à charge d'en informer immédiatement le comité exécutif de *gouvernement* [ou] le comité exécutif de région).

Remarque. — Dans les cas urgents, le point contaminé est déclaré en mauvais état par la commission exécutive vétérinaire, à charge d'en informer immédiatement le comité exécutif de district.

91. Si une maladie contagieuse se propage d'une manière intense à l'intérieur de son [propre] *gouvernement* ou d'un *gouvernement* voisin, le comité exécutif de *gouvernement* ([ou] le comité exécutif de région), sur avis conforme de l'organe vétérinaire de

gouvernement ([ou] de région), déclare des districts isolés, ou plusieurs districts ou tout le *gouvernement* ([ou] région) en mauvais état ou menacés, et, après la cessation de la maladie, — indemnes de contagion. Quand ces mesures s'étendent à tout le *gouvernement*, le comité exécutif de *gouvernement* en informe le Commissariat du Peuple pour l'Agriculture.

Remarque. — L'apparition de maladies contagieuses doit être signalée par le comité exécutif de *gouvernement* ([ou] le comité exécutif de région) aux comités exécutifs de *gouvernement* ([ou] comités exécutifs de région) des *gouvernements* ([ou] régions) voisins.

92. Les rayons formés de plusieurs *gouvernements* ([ou] régions) sont déclarés en mauvais état ou menacés, et — après la cessation de la maladie — indemnes de contagion par le Conseil des Commissaires du Peuple sur avis conforme du Commissariat du Peuple pour l'Agriculture.

93. Dans un rayon formé de quelques villages ou *volost* déclarés en mauvais état, c'est le comité exécutif de district qui prend les mesures exposées aux paragraphes 24, 25, 26 et 27 de l'article 14. Dans un rayon formé d'un ou plusieurs districts en mauvais état, les mesures indiquées ci-dessus sont prises en vertu d'un ordre du comité exécutif de *gouvernement* ([ou] comité exécutif de région). Les mesures exposées au paragraphe 28 de l'article 14 ne sont prises qu'avec l'autorisation du Conseil des Commissaires du Peuple. Les autres mesures de l'article 14 sont prises par la commission exécutive vétérinaire.

Remarque. — Dans les villages, *volost* et districts

déclarés menacés, c'est le comité exécutif de *gouvernement* ou le comité exécutif de district, selon le cas, qui prend les mesures exposées aux paragraphes 26 et 27 de l'article 14.

94. Par ordre des organes du pouvoir local, doivent être organisés et entretenus en conformité avec les exigences sanitaires vétérinaires des fosses à bétail pour y recueillir les cadavres [d'animaux] qui n'ont pas été utilisés pour des besoins techniques.

TITRE III

Indemnités aux propriétaires pour les animaux abattus afin d'arrêter des maladies contagieuses ou morts par suite d'inoculations, et pour les objets détruits.

95. Pour les animaux abattus afin de déterminer et de faire cesser des maladies contagieuses ou morts par suite d'inoculations faites dans les cas prévus par le présent Code et par les instructions publiées en développement, ainsi que pour les objets et substances alimentaires détruits, il est payé aux propriétaires une indemnité pécuniaire, sur les bases exposées aux articles 96-103 du présent Code

96. L'indemnité pécuniaire est payée aux propriétaires pour les animaux abattus ou morts à la suite d'inoculations et pour les objets détruits (art. 95) dans les maladies contagieuses suivantes : peste bovine, péripneumonie épidémique des bovidés, morve et peste sibérienne.

97. L'estimation des animaux et des objets soumis à destruction, ainsi que la fixation du montant

de l'indemnité à payer pour eux, sont arrêtées en présence du propriétaire ou de la personne qui le remplace par la commission exécutive vétérinaire.

Remarque. — L'estimation à lieu indépendamment de la question de savoir si l'indemnité devra être payée ou non.

98. Des prix-limites revus périodiquement et sanctionnés par l'organe compétent de *gouvernement* ou de région servent de guide pour fixer le montant de l'indemnité [due] pour animaux abattus ou morts par suite d'inoculations.

99. L'indemnité pour les animaux se paie dans la proportion des trois quarts de l'estimation effectuée, mais sans pouvoir dépasser les prix-limites établis par les organes compétents de *gouvernement* ou de région.

100. L'estimation établie et le montant de l'indemnité à payer sont portés par la commission exécutive vétérinaire sur des actes d'abatage d'animaux ou de mort par suite d'inoculations, et de destruction d'objets contaminés. Ces actes sont soumis aux organes vétérinaires administratifs de *gouvernement* ([ou] de région); et il est remis au propriétaire ou à la personne qui le remplace un certificat attestant son droit à recevoir l'indemnité établie.

101. Pour les animaux abattus en vue d'un diagnostic pour les maladies contagieuses indiquées à l'article 88, l'indemnité payée s'élève au montant de l'estimation établie par la commission exécutive vétérinaire, mais sans pouvoir dépasser les prix-limites établis par les organes compétents de *gouvernement* ou de région.

102. Pour les objets et les substances alimentaires détruits afin de prévenir les maladies contagieuses, l'indemnité payée s'élève au montant fixé par la commission exécutive vétérinaire.

Remarque. — Il n'y a pas lieu à paiement d'indemnité pour le fumier détruit.

103. En cas d'autorisation de livrer à la consommation la viande d'animaux abattus, et [de livrer] leurs peaux pour être utilisées, la commission exécutive vétérinaire les remet à leur propriétaire en les portant en compte pour leur valeur, d'après son estimation, sur le montant de l'indemnité allouée.

104. Les sommes en espèces à payer aux propriétaires conformément à l'article 95 doivent être versées en mains propres et ne peuvent être portées en compte pour l'extinction [de dettes] d'impôts, taxes, d'arriérés dus, et de paiements privés.

105. L'indemnité n'est pas payée :

a) Pour des animaux provenant de l'étranger, ainsi que pour les objets détruits chez leurs propriétaires, si la maladie contagieuse est découverte chez ces animaux avant l'expiration du délai fixé pour la maladie donnée, à compter du jour d'autorisation de passage par la frontière;

b) Aux propriétaires ou aux personnes les remplaçant, que le tribunal aura reconnus coupables d'infraction aux articles 108-112 du présent Code.

TITRE IV

Responsabilité [encourue] pour violation des règles du présent Code.

106. Tous les fonctionnaires appelés, conformément au présent Code, à mettre à exécution les mesures vétérinaires, répondent de la régularité et de la légalité de leurs actes en la forme administrative et en la forme judiciaire.

107. Les aides-vétérinaires et les gens du personnel sanitaire vétérinaire auxiliaire qui commettent, sans des autorisations spéciales à cet effet, des actes ne rentrant pas dans les prérogatives de leur titre ou de leur fonction, sont punis conformément à l'article 91 (1) du Code Pénal.

108. Le fait, pour les propriétaires d'animaux ou leurs remplaçants, de ne pas informer les autorités compétentes de l'apparition de maladies contagieuses ou d'épizootie consécutive à ces maladies est puni conformément à l'article 216 (2) du Code Pénal.

109. La non-exécution par les propriétaires d'animaux ou leurs remplaçants des mesures prescrites par le présent Code ainsi que par les instructions et règlements publiés en développement, ou la résistance à la mise à exécution de ces mesures sont punies

1. [L'usurpation de pouvoirs de la part d'un fonctionnaire et l'accomplissement, à ce titre, de tels ou tels actes est punie de la privation de la liberté pour un an au minimum.]

2. [Le fait — de la part de personnes qui y sont tenues — de ne pas informer les autorités requises des cas de maladie contagieuse et d'épizootie est puni — dans la forme administrative — des travaux forcés et d'une amende de trente roubles. Rédaction de l'ordonnance de V. TS. I. K. du 16 octobre 1924 (*Recueil des Lois*, 1924, n° 79, art. 786).]

conformément aux articles 86 (1) et 219 (2) du Code Pénal.

110. La contrefaçon des certificats vétérinaires ou des marques établies, apposées par le personnel de surveillance vétérinaire sur les animaux ou sur les produits animaux bruts, est punie conformément à l'article 189 (3) du Code Pénal.

111. Le fait d'enlever les marques et les plombs des animaux et des produits animaux bruts ainsi que des locaux qui leur sont affectés est puni conformément à l'article 100 (4) du Code Pénal.

112. Le commerce des produits prévus à la remarque sous l'article 71 du présent Code est puni conformément à l'article 141 du Code Pénal (5).

1. [La résistance de citoyens isolés aux représentants de l'autorité dans l'exercice des fonctions dont ils sont chargés par la loi, ou la contrainte [exercée] en vue de faire accomplir des actes manifestement illégaux sont punies, si elles s'accompagnent de meurtres, coups et blessures, voies de fait sur le représentant de l'autorité, de la peine la plus élevée ; — celle-ci peut, en cas de circonstances atténuantes, être réduite à la perte de la liberté, avec isolement rigoureux, pour une durée qui ne peut être inférieure à deux ans.]

2. [La non-exécution d'un ordre légal ou d'une injonction d'un organe de la milice, quand celui-ci est à son poste, d'un poste militaire, ainsi que de toutes autres autorités appelées à protéger la sécurité et la tranquillité publiques est punie des travaux forcés ou d'une amende pouvant atteindre trois cents roubles.]

3. [La contrefaçon, dans un but intéressé, de pièces, documents et reçus simples ou officiels, si elle ne porte pas les caractères du délit indiqué à l'art. 85, est punie de la privation de la liberté pour une durée pouvant atteindre deux ans.]

4. [L'enlèvement ou la détérioration de marques ou autres signes apposés par ordre de l'autorité en vue de protéger des objets, dépôts ou autres locaux déterminés sont punis des travaux forcés pour une durée d'un mois au minimum ou d'une amende minimum de cent roubles.]

5. [L'infraction aux règles concernant le commerce de tels ou tels produits, ou objets fabriqués, dans les cas où ces règles comportent responsabilité judiciaire, est punie de la privation de la liberté ou des travaux forcés pour une durée de six mois au minimum, ou d'une amende pouvant atteindre cinq cents roubles.]

TABLE DES MATIÈRES

CODE FORESTIER DE LA R S.F.S.R.

CODE FORESTIER DE LA R.S F S R.

[CODE MINIER]

Ordonnance sur le sous-sol et son exploitation

[CODE] STATUT VÉTÉRINAIRE DE LA R.S.F.S.R.

CODE VÉTÉRINAIRE DE LA R.S.F S.R.

6721. — Imp. de la Librairie M. GIARD, 16, rue Soufflot, Paris. — 6-1926

PUBLICATIONS DE L'INSTITUT DE DROIT COMPARÉ

TRAVAUX DU SÉMINAIRE ORIENTAL D'ÉTUDES JURIDIQUES ET SOCIALES

Publiés sous la direction de E. LAMBERT

(Paris, P. Geuthner)

Fascicule 1. — MAHMOUD FATHY. — La doctrine musulmane de l'abus des droits. (Etude d'histoire juridique et de droit comparé), avec une introduction par Edouard Lambert, 1913, LXXX et 276 p.

Fascicules 2 et 3. — ABD-EL-SALAM ZOHNY. — La responsabilité de l'état égyptien à raison de l'exercice de la puissance publique, 350 et 360 p., 1914.

COLLECTION INTERNATIONALE DES JURISTES POPULAIRES

Publiée sous la direction de Edouard LAMBERT

(Chez Marcel Giard, 16, rue Soufflot)

I. — JACKSON H. RALSTON. Le Droit international de la démocratie. Traduit de l'anglais, par Henri Marquis, préface par Edouard Lambert, 1923. Un volume in-16 . . . . **6 fr.**

II. — GEORGES CORNIL. Le Droit privé. Essai de Sociologie juridique simplifiée. Préface par E. Lambert, 1921. Un volume in-16 . . . . . . **6 fr.**

BIBLIOTHÈQUE DE L'INSTITUT DE DROIT COMPARÉ DE LYON

Études et Documents

Publiés sous la direction de E. LAMBERT, professeur de Droit comparé

ÉTIENNE ANTONELLI | MAURICE PICARD
Professeur d'Économie Politique | Professeur de Droit civil

PIERRE GARRAUD
Professeur de Droit criminel

Directeurs des Salles de travail de l'Institut

(Chez Marcel Giard, 16, rue Soufflot, Paris, 5ᵉ)

Tome 1. — G. MADIER. L'Association du barreau américain. 1922. Un volume in-8, avec une préface par Edouard Lambert.. **7 fr. 50**

Tome 2. — M. MAYNARD. Les Jugements déclaratoires. *Une nouvelle forme d'activité judiciaire. La justice préventive,* 1922. Un volume in-8 . . . . **7 fr. 50**

Tome 3. — J. FOUILLAND, Allen v. Flood. Le boycottage, les listes noires et les autres instruments de contrainte syndicale devant la loi civile, 1922. Un volume in 8 . . . . **15 fr.** »

Tome 1 de la série des *Décisions régulatrices de la politique du travail et du commerce des juges anglais.*

Tome 4. — René Hoffherr. Le boycottage devant les cours anglaises (1901-1923), 1923. Un volume in-8...................... 10 fr. »

> Tome 2 de la série des *Décisions régulatrices de la politique du travail et du commerce des juges anglais.*

Tome 5. — Albert Vaùre. Le droit international du travail, 1923. Un volume in-8, avec préface d'Etienne Antonelli........... 15 fr. »

Tome 6. — Édouard Lambert et Hàlfred Brown. La lutte judiciaire du capital et du travail organisés aux Etats Unis. *Le boycottage, le picketing et la grève de sympathie en tant qu'instruments du contrat collectif de travail et de la boutique syndiquée,* 1924. Un volume in-8... 25 fr. »

Tome 7. — Pierre Garraud. Les Avant-projets Polonais de 1922 sur la partie générale d'un Code pénal. *Leur place dans le mouvement de réforme et de codification du droit pénal,* 1924. Un vol. in-8.... 7 fr. 50

Tome 8. — El Arabi. La Conscription des Neutres dans les luttes de la concurrence économique. *Les coalitions du journalisme et la liberté de la presse.* Sorrel v. Smith, avec une préface par Edouard Lambert, 1924. Un volume in-8... 30 fr. »

> Tome 3 de la série des *Décisions régulatrices de la politique du travail et du commerce des juges anglais.*

Tome 9. — Les Codes de la République russe des Soviets. Première partie. *Code de la famille,* traduit par M. Jules Patouillet. *Code civil,* traduit par Jules Patouillet et Raoul Dufour. Préface de Jules Patouillet. Introduction par Edouard Lambert. 1925. Un volume in-8... 15 fr.

Tome 10. — Al Sannoury. Les restrictions contractuelles à la liberté individuelle de travail dans la jurisprudence anglaise. *Contribution à l'étude comparative de la règle de droit et du standard juridique.* Préface par Edouard Lambert. 1925, un volume in-8........... 30 fr. »

> Tome 4 de la série des *Décisions régulatrices de la politique du travail et du commerce des juges anglais.*

Tome 11. — James Woo. Le problème constitutionnel chinois. *La constitution du 10 octobre 1923.* 1925, un volume in-8, avec une table de transcription des mots chinois par Maurice Courant et une préface par Edouard Lambert..................................... 15 fr. »

Tome 12. — Ch. Favre-Gilly. La politique des prix-fixes. *Le contrôle du producteur sur les prix de revente de ses produits. Sa valeur légale. La jurisprudence américaine comparée aux jurisprudences française et anglaise.* Un volume in-8, avec une préface par Ed. Lambert. 18 fr. »

Tome 13. — Max J. Wassermann. La Federal Trade Commission. *La dernière phase de la législation américaine contre les trusts, la spéculation illicite et les pratiques commerciales déloyales* Un volume in-8, avec préface par Edouard Lambert..................... 50 fr. »

Tome 14. — Les codes de la Russie Soviétique. II. *Code du travail, Code agraire, Code forestier, Code minier, Code vétérinaire.* Traduits par Jules Patouillet, un volume in-8...................... 20 fr. »

9 782329 178943